A RECLAMAÇÃO CONSTITUCIONAL NO NOVO CPC

GUSTAVO CALMON HOLLIDAY

Prefácio
Rodrigo Reis Mazzei

A RECLAMAÇÃO CONSTITUCIONAL NO NOVO CPC

Belo Horizonte

2016

© 2016 Editora Fórum Ltda.

É proibida a reprodução total ou parcial desta obra, por qualquer meio eletrônico, inclusive por processos xerográficos, sem autorização expressa do Editor.

Conselho Editorial

Adilson Abreu Dallari
Alécia Paolucci Nogueira Bicalho
Alexandre Coutinho Pagliarini
André Ramos Tavares
Carlos Ayres Britto
Carlos Mário da Silva Velloso
Cármen Lúcia Antunes Rocha
Cesar Augusto Guimarães Pereira
Clovis Beznos
Cristiana Fortini
Dinorá Adelaide Musetti Grotti
Diogo de Figueiredo Moreira Neto
Egon Bockmann Moreira
Emerson Gabardo
Fabrício Motta
Fernando Rossi

Flávio Henrique Unes Pereira
Floriano de Azevedo Marques Neto
Gustavo Justino de Oliveira
Inês Virgínia Prado Soares
Jorge Ulisses Jacoby Fernandes
Juarez Freitas
Luciano Ferraz
Lúcio Delfino
Marcia Carla Pereira Ribeiro
Márcio Cammarosano
Marcos Ehrhardt Jr.
Maria Sylvia Zanella Di Pietro
Ney José de Freitas
Oswaldo Othon de Pontes Saraiva Filho
Paulo Modesto
Romeu Felipe Bacellar Filho
Sérgio Guerra

Luís Cláudio Rodrigues Ferreira
Presidente e Editor

Coordenação editorial: Leonardo Eustáquio Siqueira Araújo

Av. Afonso Pena, 2770 – 15º andar – Savassi – CEP 30130-012
Belo Horizonte – Minas Gerais – Tel.: (31) 2121.4900 / 2121.4949
www.editoraforum.com.br – editoraforum@editoraforum.com.br

H739rt	Holliday, Gustavo Calmon A reclamação constitucional no novo CPC / Gustavo Calmon Holliday. – Belo Horizonte : Fórum, 2016. 131 p. ISBN 978-85-450-0181-2 1. Direito Constitucional. 2. Direito Público. 3. Direito Processual Civil. 5. Código de Processo Civil. I. Título. CDD 347 CDU 347.9

Informação bibliográfica deste livro, conforme a NBR 6023:2002 da Associação Brasileira de Normas Técnicas (ABNT):

HOLLIDAY, Gustavo Calmon. *A reclamação constitucional no novo CPC*. Belo Horizonte: Fórum, 2016. 131 p. ISBN 978-85-450-0181-2.

Dedico este trabalho a minha querida filha Gabriela Holliday, fonte permanente de inspiração e amor, e a quem agradeço os momentos mais felizes da minha vida.

AGRADECIMENTOS

A Deus, em primeiro lugar.

Aos meus pais, Patrick Holliday e Ita Regina (*in memoriam*), pela oportunidade da educação, dos ensinamentos e dos valores a mim transmitidos, sem os quais não seria possível concluir esta importante meta.

Ao meu orientador, Desembargador Manoel Alves Rabelo, pela orientação, apoio e otimismo transmitidos ao longo do desenvolvimento do trabalho durante o curso de mestrado.

A todos aqueles que de alguma forma contribuíram para que fosse possível a realização deste sonho/meta.

Não importa o que é o mundo...
O importante são seus sonhos

Não importa o que você é...
Importa o que você quer ser.

Não importa onde você está...
Importa para onde você quer ir.

Não importa o porquê...
O importante é o querer.

Não importam suas mágoas...
O que importam são suas alegrias.

Não importa o que já passou...
O passado? Guarde na sua lembrança.

Nunca pense em julgar.
Não veja, olhe...

Não escute, ouça...
Não toque, apenas sinta...

Acredite naquilo que você quiser.
E não adianta sonhar se você não lutar.

O mundo é um espelho.
Portanto, não seja só o seu reflexo.

Acreditando só num futuro.
Você conseguirá a paz para alcançar seus sonhos.

Afinal, o que importa?
Você importa.
Acredite em você.

(Autor desconhecido)

LISTA DE ABREVIATURAS E SIGLAS

ADC – Ação Declaratória de Constitucionalidade
ADI – Ação Direta de Inconstitucionalidade
Adin – Ação Direta de Inconstitucionalidade
ADPF – Arguição de Descumprimento de Preceito Fundamental
Ag – Agravo
AgR – Agravo regimental
AGU – Advocacia-Geral da União
AL – Alagoas
Art. – Artigo
BA – Bahia
CC – Código Civil
CEAPRO – Centro de Estudos Avançados de Processo
CF – Constituição Federal
CIDH – Comissão Interamericana de Direitos Humanos
CNJ – Conselho Nacional de Justiça
CNPM – Conselho Nacional do Ministério Público
CPC – Código de Processo Civil
DF – Distrito Federal
DJ – Diário da Justiça
DJe – Diário da Justiça eletrônico
EC – Emenda Constitucional
ED – Embargos de Declaração
EUA – Estados Unidos da América
FPPC – Fórum Permanente de Processualistas Civis
GLO – *Group Litigation Order*
GO – Goiás
IRDR – Incidente de Resolução de Demanda Repetitiva
Min. – Ministro
MC – Medida Cautelar
MG – Minas Gerais
MP – Ministério Público
MP – Ministério Público Estadual
MS – Mandado de Segurança
NCPC – Novo Código de Processo Civil
OEA – Organização dos Estados Americanos
Pet. – Petição
Rcl. – Reclamação Constitucional
RE – Recurso Extraordinário
Rel. – Relator
RISTF – Regimento Interno do Supremo Tribunal Federal

RN	–	Rio Grande do Norte
RT	–	Revista dos Tribunais
RTJ	–	Revista Trimestral de Jurisprudência
SC	–	Santa Catarina
STF	–	Supremo Tribunal Federal
STJ	–	Superior Tribunal de Justiça
TFR	–	Tribunal Federal de Recursos
TJ	–	Tribunal de Justiça
TJES	–	Tribunal de Justiça do Estado do Espírito Santo
TRE-ES	–	Tribunal Regional Eleitoral do Estado do Espírito Santo
TSE	–	Tribunal Superior Eleitoral
TST	–	Tribunal Superior do Trabalho

SUMÁRIO

PREFÁCIO
Rodrigo Reis Mazzei 17

CONSIDERAÇÕES INICIAIS 19

CAPÍTULO 1
DELIMITAÇÃO DO TEMA E CONCEITO 25
1.1   Delimitação do tema 25
1.2   Conceito 27

CAPÍTULO 2
ORIGEM E EVOLUÇÃO DA RECLAMAÇÃO CONSTITUCIONAL
NO DIREITO BRASILEIRO 29
2.1   Origem na jurisprudência do STF 30
2.2   A previsão no Regimento Interno do STF 31
2.3   Da previsão no âmbito da Constituição Federal 32
2.3.1   A Lei nº 8.038/90 33
2.3.2   A Emenda Constitucional nº 3/93 33
2.3.3   A Emenda Constitucional nº 45/2004 33
2.4   O novo Código de Processo Civil – Lei nº 13.105/2015 35
2.5   Síntese da evolução da reclamação constitucional no Direito
        brasileiro 36

CAPÍTULO 3
DIREITO COMPARADO 39
3.1   Dos sistemas jurídicos da *civil law* e da *common law* 39
3.2   Da origem nacional da reclamação 40

CAPÍTULO 4
NATUREZA JURÍDICA DA RECLAMAÇÃO NO DIREITO
BRASILEIRO 43
4.1   Natureza jurídica 43
4.1.1   Da reclamação como recurso 44

4.1.2 Da reclamação como medida administrativa.................................46
4.1.2.1 Da reclamação e correição parcial 47
4.1.3 Da reclamação como incidente processual 48
4.1.4 Da reclamação como ação 50
4.1.5 Da posição do Superior Tribunal de Justiça............................51
4.1.6 Da posição do Supremo Tribunal Federal 52
4.2 A natureza jurídica diante das novas disposições previstas no
CPC de 2015 55

CAPÍTULO 5
HIPÓTESES DE CABIMENTO DA RECLAMAÇÃO 59
5.1 Preservação da competência do tribunal – Art. 988, inciso I,
do CPC/2015..63
5.2 Garantia da autoridade das decisões jurisdicionais do tribunal –
Art. 988, II, do CPC de 2015..65
5.2.1 Não cabimento de reclamação contra decisão do mesmo órgão 67
5.3 Garantir a observância de enunciado de súmula vinculante –
Art. 988, III, do CPC de 2015..68
5.3.1 Precedentes 69
5.3.2 Súmulas vinculantes...70
5.3.2.1 Procedimento para edição, revisão e cancelamento da súmula
vinculante 73
5.4 Garantir a observância de decisão do STF em controle concentrado
de constitucionalidade – Art. 988, III, do CPC de 2015......................75
5.4.1 A reclamação e o cabimento na teoria da transcendência
dos motivos determinantes..76
5.5 Garantir a observância de acórdão proferido em julgamento
de incidente de resolução de demandas repetitivas e em incidente
de assunção de competência – Art. 988, inciso IV. 77
5.5.1 Acórdão proferido em incidente de resolução de demandas
repetitivas (IRDR)..77
5.5.2 Acórdão proferido em incidente de assunção de competência..........79
5.6 Garantir a observância de acórdão de recurso extraordinário com
repercussão geral reconhecida ou de acórdão proferido em
julgamento de recursos extraordinários ou especial repetitivos,
quando não esgotadas as instâncias ordinárias – Art. 988, §5º, inciso II...80

CAPÍTULO 6
PRAZO E PROCEDIMENTO DA RECLAMAÇÃO 85
6.1 Prazo 85

6.1.1	Reclamação e interposição/pendência de recurso	85
6.2	A petição inicial	88
6.3	Capacidade postulatória	89
6.4	A legitimidade e as partes	90
6.4.1	Terceiros na reclamação	91
6.5	O pedido e a causa de pedir	93
6.6	A competência	94
6.6.1	Preservação da competência do tribunal – Art. 988, inciso I, do CPC/2015	94
6.6.2	Garantia da autoridade das decisões jurisdicionais do tribunal – Art. 988, II, do CPC/2015	95
6.6.3	Garantir a observância de enunciado de súmula vinculante	95
6.6.4	Garantir a observância de decisão do STF em controle concentrado de constitucionalidade	95
6.6.5	Garantir a observância de acórdãos proferidos em julgamento de IRDR, IAC, repercussão geral e recursos repetitivos	95
6.7	Do rito da reclamação	96
6.8	Da tutela provisória na reclamação	96
6.9	Natureza do provimento jurisdicional final na reclamação	97
6.10	Recursos e outros meios de impugnação	98

CAPÍTULO 7

ALGUMAS PARTICULARIDADES RELACIONADAS COM A RECLAMAÇÃO 101

7.1	A reclamação e os juizados especiais	101
7.2	A reclamação e a Fazenda Pública	104

CAPÍTULO 8

A RECLAMAÇÃO E A DURAÇÃO RAZOÁVEL DO PROCESSO DIANTE DO AUMENTO DO NÚMERO DE AÇÕES DESSA NATUREZA E OS RECURSOS INERENTES AO PROCEDIMENTO 107

CONCLUSÕES 115

REFERÊNCIAS 117

PREFÁCIO

Nos últimos anos, o programa de pós-graduação *stricto sensu* do curso de Direito da Universidade Federal do Espírito Santo (PPG-Dir – UFES) tem brindado a comunidade jurídica com trabalhos de excelência, produzidos tanto pelo seu corpo docente como discente. O livro objeto do presente prefácio é (mais) um dos bons frutos advindos do corpo discente do mestrado da UFES, vinculado a uma das mais destacadas linhas de pesquisa do citado programa, qual seja, *Processo, Constitucionalidade e Tutela de Direitos Existenciais e Patrimoniais*.

Trata-se da versão comercial da dissertação de mestrado apresentada por Gustavo César de Mello Calmon Holliday, cujo tema – instituto da *reclamação* – trafega com sistematização exemplar sobre os pilares da referida linha de pesquisa da pós-graduação *stricto sensu* da UFES. Isso porque é inegável sua vinculação ao processo, seus traços constitucionais e a inserção como vetor de proteção da tutela, a partir do objetivo de preservação não só da competência, mas também das decisões de tribunais, especialmente de decisões proferidas para alto impacto, como ocorre nos casos de decisão do Supremo Tribunal Federal em controle concentrado de constitucionalidade, julgamento de incidente de resolução de demandas repetitivas e de incidente de assunção de competência.

Dentre vários predicados, destaco que o trabalho apresentado possui o mérito de utilizar como eixo o novo Código de Processo Civil (Lei nº 13.105/2015), diploma que trata especificamente do assunto em seus artigos 988 a 993. A postura adotada pelo autor traz o leitor para quadrante atual, extraído a partir da evolução histórica da figura jurídica em estudo, notadamente nas raízes no Supremo Tribunal Federal, na Constituição Federal, na legislação infraconstitucional e nas emendas constitucionais. Some-se ainda a abordagem, ainda que célere, acerca do direito estrangeiro, que permite concluir pela existência de gabarito nacional, cada vez mais afastado de algum gabarito externo.

Não desprezando assuntos de relevância – como descortinar a natureza jurídica do instituto –, o ápice do trabalho está na análise detida feita da reclamação no âmbito do novo Código de Processo Civil, em que destaco de forma mais pontuada a abordagem panorâmica (e em alguns pontos vertical) das hipóteses de cabimento da reclamação, segundo ditado pela codificação processual de 2015.

Pelos motivos postos, sem qualquer sombra de dúvida, tenho que a empreitada levada a cabo foi finalizada com grande êxito, sendo natural que o trabalho aqui prefaciado alcance destaque nacional, vindo a se tornar monografia obrigatória sobre o tema eleito para a pesquisa.

Não posso deixar de registrar que, certamente, a maturidade do autor – Procurador Estadual, advogado de longa data e ex-juiz do Tribunal Regional Eleitoral do Espírito Santo (TRE-ES) – contribuiu para o ímpar resultado do trabalho. No sentido, uma leitura atenta revela que o livro mescla temática acadêmica com questões de alta relevância para o manejo da reclamação, sendo, portanto, obra de utilidade não só para a pesquisa científica, mas também para a atividade dos foros.

Com a resenha acima, em nome de toda comunidade jurídica nacional, ficam aqui cravados os meus sinceros parabéns e agradecimentos ao autor, ao programa de pós-graduação *stricto sensu* do curso de Direito da Universidade Federal do Espírito Santo (PPGDir – UFES) e à Editora Fórum. Felizes serão os leitores que terão acesso à obra.

Vitória-ES, setembro de 2016.

Rodrigo Reis Mazzei
Pós-doutorado (UFES). Doutor (FADISP) e Mestre (PUC-SP). Professor (graduação e mestrado) da UFES. Vice-Presidente do Instituto dos Advogados do Estado do Espírito Santo.

CONSIDERAÇÕES INICIAIS

Nos últimos anos, o processo civil vem sofrendo profundas transformações. Na década de 1990, o legislador optou por adotar reformas pontuais, a exemplo da inclusão da tutela antecipada em 1994 e da alteração do regime do recurso de agravo em 1995, seguidas de outras modificações concretizadas nos anos seguintes, especialmente nos anos de 2001, 2002 e 2006.

Na oportunidade, justificou-se a realização de minirreformas, pela facilidade em aprová-las, ante a complexidade de um processo para instituição de um novo código, especialmente pelo longo período de tramitação no Poder Legislativo.

Todavia, após a implementação das mesmas, constatou-se que o sistema processual estava perdendo a sua unidade. Aliado a esse fato, verificou-se que havia necessidade de um novo projeto, de forma a aprimorar o processo civil como garantia da cidadania, adequando-o e ajustando-o, em sintonia com a nova realidade constitucional brasileira, com a preocupação de se preservar a forma sistemática das normas processuais.

A comissão responsável pela sua elaboração teve como objetivo tornar o processo mais célere e justo, diminuindo, ao mesmo tempo, a complexidade, e proporcionando uma tutela jurisdicional mais próxima das necessidades sociais. Na exposição de motivos do novo Código de Processo Civil (CPC), foi registrado que "O novo Código de Processo Civil tem o potencial de gerar um processo mais célere, mais justo, porque mais rente às necessidades sociais e muito menos complexo" (BRASIL, 2010a, p. 14).[1]

Observa-se o espírito almejado pela exposição de motivos do anteprojeto:

> Há mudanças necessárias, porque reclamadas pela comunidade jurídica, e correspondentes a queixas recorrentes dos jurisdicionados e dos operadores do Direito, ouvidas em todo país. Na elaboração deste Anteprojeto de Código de Processo Civil, essa foi uma das linhas principais de trabalho: resolver problemas. Deixar de ver o processo como teoria

---

[1] Exposição de motivos do novo CPC 2015.

descomprometida de sua natureza fundamental de método de resolução de conflitos, por meio do qual se realizam valores constitucionais.

[...]

A coerência substancial há de ser vista como objetivo fundamental, todavia, e mantida em termos absolutos, no que tange à Constituição Federal da República. Afinal, é na lei ordinária e em outras normas de escalão inferior que se explicita a promessa de realização dos valores encampados pelos princípios constitucionais.

[...]

Trata-se de uma forma de tornar o processo mais eficiente e efetivo, o que significa, indubitavelmente, aproximá-lo da Constituição Federal, em cujas entrelinhas se lê que o processo deve assegurar o cumprimento da lei material. Hoje, costuma-se dizer que o processo civil constitucionalizou-se.

[...]

O processo há de ser examinado, estudado e compreendido à luz da Constituição e de forma a dar o maior rendimento possível aos seus princípios fundamentais. (BRASIL, 2010a, p. 13 a 15)

Na parte geral, o disposto no artigo 4º incorpora ao texto do novo código o princípio da duração razoável do processo, já previsto no artigo 5º, LXXVIII, da Constituição Federal (CF) e introduzido pela Emenda Constitucional (EC) nº 45, de 30.12.2004.

Outra alteração relevante consiste na previsão contida nos artigos 9º e 10º do novo CPC, qual seja, de que não se proferirá decisão contra uma das partes sem que ela seja previamente ouvida, com as exceções que preveem, por exemplo, a tutela antecipada. Trata-se, evidentemente, da incorporação e regulamentação do princípio do contraditório, contido no art. 5º da Constituição Federal.

O CPC de 2015 traz nova roupagem no que diz respeito à aplicação das normas processuais, prestigiando as regras abertas em consonância com os princípios constitucionais e proporcionando maior coesão ao sistema jurídico. Essa nova visão fica ainda mais evidente no Capítulo I do Título Único, que trata das normas fundamentais do processo civil, artigos 1º ao 11 do Código.[2]

---

[2] "Como vimos, o Código deve ser compreendido em seu conjunto e em harmonia com a Constituição (art. 1º, CPC/2015), evitando-se interpretações bizarras, fruto de ignorância ou inaceitável arbítrio. O processualista deverá compreender, cada vez mais, o modelo constitucional do processo. É importante esta ressalva porque, isoladamente interpretados, alguns institutos do novo CPC/2015 não revelam esta mudança de direção; por outro lado, tais institutos, se interpretados em conjunto, demonstram mudança inegável. Neste sentido, a eliminação do 'livre' convencimento judicial (art. 371), a fundamentação adequada (489,

Um dos dispositivos de extrema relevância na nova sistemática do direito processual civil e no próprio tema aqui tratado é o artigo 926, que determina que "os tribunais devem uniformizar sua jurisprudência e mantê-la estável, íntegra e coerente" (BRASIL, 2015a). Tal dispositivo representa a mudança de paradigma do novo CPC, onde precedentes passam a constituir fonte primária no ordenamento jurídico atual.

A inserção da reclamação constitucional no bojo do novo Código de Processo Civil, como política de codificação, apresenta-se de forma positiva, visto que assegura maior unidade, possibilitando a criação de um sistema jurídico organizado. A codificação facilita a compreensão diante da possibilidade de consulta mais rápida e lógica das leis. O código proporciona uma organização sistemática mais acessível, se comparado às leis esparsas.

Perceber-se-á, claramente, que algumas questões controvertidas em sede doutrinária, mas que restaram sedimentadas na jurisprudência, incluindo-se algumas súmulas, p. ex., Súmula nº 734, do Supremo Tribunal Federal (STF) (BRASIL, 2003a), foram incorporadas ao código, conforme se pode conferir no decorrer do trabalho.

A reclamação foi introduzida no novo código com ampliação da competência e também das hipóteses do seu cabimento originariamente previstas nos artigos 102, I, e art. 105, I, "f", da Constituição Federal, com o mesmo espírito, qual seja, tornar mais célere o processo e, ao mesmo tempo, proporcionar maior segurança jurídica, na medida em que existe um instrumento para resguardar a autoridade das decisões dos tribunais, especialmente as súmulas vinculantes e os precedentes. O instituto da reclamação tem um papel importante na sistemática processual, pois também visa preservar a competência dos tribunais.

Percebe-se, de forma clara, que a reclamação foi escolhida como o instrumento processual responsável para assegurar a estabilidade do sistema, no sentido de se manter a coerência do sistema jurídico, constituindo mecanismo para assegurar a higidez dos precedentes, conforme expressamente prevê o artigo 926 do Código de Processo Civil de 2015. A reclamação é considerada a "garantia das garantias" (DANTAS, 2000, p. 501).

Luiz Guilherme Marinoni, na obra *Novo Código de Processo Civil Comentado*, afirma que, enquanto as Cortes Supremas, as de Justiça

---

§1º), a justificação interna e externa, fática e jurídica, como exigência para utilização da ponderação como método de solução da colisão entre normas (art. 489, §2º) e os deveres de estabilidade, coerência e integridade (art. 926) são exemplos de exigências interpretativas do novo diploma que vão muito além do modelo legalista e da interpretação formalista" (CABRAL; CRAMER, 2015, p. 1391).

e os juízes não absorvem a cultura do precedente judicial, "[...] é imprescindível que se admita a reclamação com função de outorga de eficácia de precedente. E foi com esse objetivo deliberado que o novo Código ampliou as hipóteses de cabimento da reclamação" (MARINONI; ARENHART; MITIDIERO, 2015, p. 920).

A reclamação, inicialmente regulamentada pela Lei nº 8.038, de 28 de maio de 1990, nos artigos 13 a 18 (BRASIL, 1990a), a partir da vigência do novo CPC passa a ser disciplinada pelos artigos 988 a 993 do Livro III, que trata "Dos Processos nos Tribunais e dos Meios de Impugnação das Decisões Judiciais", Título I, "Da Ordem dos Processos e dos Processos de Competência Originária dos Tribunais".

Desde a sua origem, somente agora, com a edição da Lei nº 13.105/2015 é que a reclamação passou a integrar o Código de Processo Civil brasileiro, ao mesmo tempo que revoga expressamente os artigos 13 a 18 da Lei nº 8.038/90 (BRASIL, 1990a), diploma legal que regula o referido instituto até o término da *vacatio legis*, em março de 2016.

Além de integrar o novo Código de Processo Civil, houve ampliação[3] das hipóteses de cabimento, além da expressa previsão de competência para conhecimento do instituto a todos os tribunais,[4] com maior detalhamento do procedimento, em comparação ao regime anterior.

O instituto da reclamação na seara legal trata de elementos relevantes, tais como: o objeto da medida; a legitimidade para a sua propositura; a instrução da petição de reclamação; a requisição de informações da autoridade; a suspensão do curso do processo pelo relator; a impugnação ao pedido da reclamação pelos interessados; a contestação do beneficiário; e demais questões relativas ao procedimento, assim como ao cumprimento da decisão.

A reclamação é uma medida jurisdicional, visto que dependente de provocação das partes ou do Ministério Público, exigindo capacidade postulatória, originando decisão que poderá vir a produzir coisa julgada, possibilitando a interposição de recursos. No direito comparado não existe instituto com as mesmas características da reclamação constitucional, sendo criação do direito brasileiro.

---

[3] Nelson Nery Júnior afirma que "o novo CPC ampliou as hipóteses de cabimento da reclamação em comparação ao que consta do texto constitucional e da LR: agora também cabe reclamação para garantir a observância de tese firmada em incidente de resolução de demandas repetitivas ou em incidente de assunção de competência" (NERY JÚNIOR; NERY, 2015, p. 1978).

[4] Art. 988, §1º: "A reclamação pode ser proposta perante qualquer tribunal, e seu julgamento compete ao órgão jurisdicional cuja competência se busca preservar ou cuja autoridade se pretenda garantir" (BRASIL, 2015a).

No presente trabalho, trata-se da origem e da evolução histórica da reclamação, que surgiu inicialmente na jurisprudência do Supremo Tribunal Federal, passando por sua positivação no regimento interno do STF, pela constitucionalização em 1988 e pela regulamentação através da Lei nº 8.038/90, até a sua previsão no novo Código de Processo Civil (CPC) de 2015 (Lei nº 13.105/2015, com alterações da Lei nº 13.256/2016) (BRASIL, 2015a; BRASIL, 2016a).

Com o advento da Emenda Constitucional (EC) nº 45/2004, que criou a súmula vinculante (BRASIL, 2004a), a reclamação passou a ter ainda mais importância, pois admite-se o ajuizamento da reclamação quanto houver ofensa às súmulas vinculantes, conforme previsto no §3º do art. 103-A da Constituição Federal (BRASIL, 1988).

Em capítulo próprio, aborda-se o conceito da reclamação, sendo este tão pouco explorado pela doutrina. Noutro capítulo, demonstra-se a enorme divergência, tanto no âmbito da doutrina como na jurisprudência, quanto à natureza jurídica da reclamação constitucional, com uma diversidade de classificações existentes, bem como a posição dos Tribunais Superiores. Com a nova redação trazida pelo Código de Processo Civil de 2015, acredita-se que essa divergência seja minorada, visto que o procedimento adotado pelo código sugere a tendência da doutrina em considerá-la como natureza jurídica de ação.

Não menos importante será a análise do impacto decorrente da ampliação do cabimento das reclamações em todos os tribunais, com as novas hipóteses de cabimento explicitadas no novo Código de Processo Civil, visto que será inevitável o aumento do número dessas demandas e respectivos recursos, com especial atenção para as de competência originária do Supremo Tribunal Federal (STF), ante a tendência inexorável da criação de novas súmulas vinculantes ao longo do tempo.

Por fim, serão analisados os aspectos processuais da reclamação, como a petição inicial, a legitimidade, as partes, o pedido e a causa de pedir, a competência, os recursos e meios de impugnação e terceiros.

CAPÍTULO 1

DELIMITAÇÃO DO TEMA E CONCEITO

1.1 Delimitação do tema

Interessante observar que, na maior parte das obras doutrinárias sobre o assunto, os autores não se preocuparam em apresentar um conceito de reclamação constitucional, tratando normalmente da origem e da natureza jurídica sem dedicar um espaço específico ao conceito propriamente dito.

Deve-se destacar, ainda, que a palavra "reclamação" é ambígua, ou seja, comporta mais de um significado, razão pela qual é imprescindível delimitar o tema abordado. Nessa linha, não há como se afastar da linguagem.

Conforme ensina Tarek Moysés Moussalem, na obra *Fontes do Direito Tributário,*[5] é grande a importância da noção de conceito dentro do Direito, uma vez que este se volta para um sistema de linguagem, que é o direito positivo,

> [...] o que torna a Ciência do Direito extremamente conceptual. O conceito é produto da linguagem e só existente pela linguagem. Conforme dantes dito, o sujeito, ao nascer, habita inexoravelmente um mundo cultural,

---

[5] "Entender a realidade humana como uma atividade linguística torna-se de vital importância para compreensão do homem e do direito, na medida em que ambos não trabalham com acontecimentos físicos, mas somente com interpretação ou versão, por fim linguagem" (MOUSSALLEM, 2001, p. 48).

um universo linguístico saturado de determinados conceitos que lhe são imputados arbitrariamente por meio da linguagem. O conceito é algo eminentemente linguístico, até mesmo em razão de um sujeito habitar uma língua (MOUSSALLEM, 2001, p. 48)

Sendo assim, e para evitar distorções interpretativas, faz-se necessário fornecer os elementos linguísticos necessários para delimitar o instituto do qual trata o presente trabalho.

A palavra reclamação comporta diversos significados, e, segundo Marcelo Navarro Ribeiro Dantas, os dicionários brasileiros desvendam a sua origem latina *reclamatione*, cujo significado é

> [...] 'desaprovação manifestada por gritos', e, além das acepções da linguagem comum – ato ou efeito de reclamar, reclamo, clamo, queixa, protesto, reivindicação legal, vindicação – tem a conotação jurídica de 'Ato escrito ou verbal, toma por termos, no qual o empregado reclama, na justiça do trabalho, contra ato do empregador contra seus direitos trabalhistas'. (DANTAS, 2000, p. 18)

O autor arremata que a precisão e a clareza do conceito de reclamação não se encontram nem mesmo nos vocábulos específicos do ramo do Processo Civil ou do Direito Constitucional. Não há um vocábulo que permita individualizar a natureza jurídica da reclamação ou as características dos vários tipos existentes no ordenamento. Marcelo Navarro Ribeiro Dantas afirma:

> Sequer se pode concluir se eles configuraram espécies de um mesmo gênero, ou seja, constituem institutos completamente diversos, que de comum só têm o nome, embora essa última hipótese pareça mais plausível.
>
> As múltiplas acepções conferidas à palavra reclamação, quer escoteira, que acompanhada de variados qualificativos, a vagueza, incompletude ou contradição em que, *data vênia*, incorrem muitas das definições a ela associadas; a peculiaridade de que há menções a reclamações nos mais distintos campos do Direito; a circunstância de, aqui e acolá, um dado repositório apontar certa reclamação ignorada pelos demais; o fato de se tratarem, sob a mesma denominação, entidades jurídicas em que se vislumbram as mais diversas naturezas – a respeito de que, por sinal, vez por outra se iidentificam discordâncias – tudo isso leva à confusão, à dúvida, à incerteza, e, consequentemente, a equívocos. (DANTAS, 2000, p. 25 e 26)

CAPÍTULO 1
DELIMITAÇÃO DO TEMA E CONCEITO | 27

O instituto objeto do presente estudo é a chamada reclamação constitucional, prevista no art. 102, inciso I, alínea "l", e no art. 103-A, §3º, da Constituição Federal brasileira (BRASIL, 1988), até então regulamentado pelos artigos 13 a 18,[6] da Lei nº 8.038, de 28 de maio de 1990 (BRASIL, 1990a), assim como pelo art. 56 e seguintes, do Regimento Interno do Supremo Tribunal Federal (BRASIL, 1980).

Em consonância com o entendimento de Marcelo Navarro Ribeiro Dantas, a nomenclatura "reclamação constitucional" se justifica pelo fato de que está prevista na Constituição como um instrumento da jurisdição constitucional.

É importante observar que tal denominação apresenta a vantagem de diferenciá-la das demais espécies de reclamação previstas no sistema jurídico brasileiro, tais como: reclamação trabalhista, reclamação correcional, reclamação eleitoral,[7] reclamação por erro de ata,[8] dentre outras (DANTAS, 2000).

Com a sanção da Lei nº 13.105, de 2015, que instituiu o novo Código de Processo Civil brasileiro, a Reclamação[9] foi inserida no referido código, passando a ter regulação própria na norma citada, mais especificamente nos artigos 988 a 993 do Livro III, que trata "Dos Processos nos Tribunais e dos Meios de Impugnação das Decisões Judiciais", e Título I, "Da Ordem dos Processos e dos Processos de Competência Originária dos Tribunais" (BRASIL, 2015a).

1.2 Conceito

Na reclamação RCL. nº 9542/SP, o Supremo Tribunal Federal (STF), por meio de decisão monocrática, definiu reclamação constitucional como

> [...] instrumento constitucional processual construído no decorrer das atividades pretorianas e consagrado pelo Constituinte Originário como

---

[6] A Lei nº 13.105/2015, no art. 1.072, inciso II (BRASIL, 2015a), revogou, dentre outros, os artigos 13 a 18 da Lei nº 8.038/1990 (BRASIL, 1990a), revogação essa que vale a partir da entrada em vigor do novo CPC, em março de 2015.

[7] Art. 121, do Código Eleitoral: "Da nomeação da mesa receptora qualquer partido poderá reclamar ao juiz eleitoral, no prazo de 2 (dois) dias, a contar da audiência, devendo a decisão ser proferida em igual prazo" (BRASIL, 1965a).

[8] Art. 89 do Regimento Interno do Supremo Tribunal Federal (RISTF): "Contra erro contido em ata, poderá o interessado reclamar, dentro de quarenta e oito horas, em petição dirigida ao Presidente do Tribunal ou da Turma, conforme o caso" (BRASIL, 1980).

[9] A redação do novo CPC, da mesma forma que a Lei nº 8.038/90, utiliza apenas "reclamação".

meio de assegurar ao jurisdicionado a efetividade das decisões, por um lado, e, por outro, resguardar o Supremo Tribunal Federal e o Superior Tribunal de Justiça de afrontas ao exercício de suas competências constitucionais. (BRASIL, 2009a)

Com a nova redação contida no Código de Processo Civil de 2015, esse conceito restou desatualizado, visto que houve ampliação nas hipóteses de cabimento da reclamação. Além da preservação da competência do tribunal e garantia da autoridade das decisões do tribunal, existe a previsão de garantia da observância de decisão do Supremo Tribunal Federal em controle concentrado de constitucionalidade e garantia da observância de enunciados de súmula vinculante e de acórdãos proferidos em julgamento de casos repetitivos e em incidente de assunção de competência.

Ricardo de Barros Leonel, na obra *Reclamação Constitucional*, no capítulo sobre jurisdição, segurança jurídica e precedentes, faz a sua síntese com conotação de conceito. O autor afirma que a reclamação constitucional é um mecanismo de grande importância para que o STF e o STJ fortaleçam os seus papéis,

[...] fazendo-o através da preservação das respectivas competências para a emissão da palavra final nas matérias que lhes são atribuídas, bem como assegurando a eficácia e a autoridade dos respectivos julgados, e assim fortalecendo o valor das suas posições, consubstanciadas em precedentes dessas Cortes. (LEONEL, 2011, p. 107)

Nelson Nery Júnior conceitua a reclamação como "[...] medida destinada a fazer com que o tribunal faça cumprir as suas decisões, a jurisprudência consolidada e/ou preserve a sua competência" (NERY JÚNIOR; NERY, 2015, p. 1978).

Pode-se definir a reclamação como um instrumento jurídico-processual previsto na Constituição Federal (arts. 102, I, "l", e 105, I, "f") para preservar a competência dos tribunais e assegurar a autoridade de suas decisões, incluindo-se as decisões proferidas em controle concentrado de constitucionalidade, súmula vinculante, acórdão proferido em julgamento de casos repetitivos ou em incidente de assunção de competência, seja por parte da autoridade judicial ou administrativa (BRASIL, 1988).

CAPÍTULO 2

ORIGEM E EVOLUÇÃO DA RECLAMAÇÃO CONSTITUCIONAL NO DIREITO BRASILEIRO

Por meio deste capítulo ficará claramente demonstrada a evolução da Reclamação Constitucional no direito brasileiro, desde a sua origem, na jurisprudência do Supremo Tribunal Federal (STF), até a sua positivação, posteriormente à sua constitucionalização e, por fim, à sua inserção do novo Código de Processo Civil, por meio da Lei nº 13.105/2015.

José da Silva Pacheco, ao tratar sobre a história da reclamação no direito brasileiro, em um artigo publicado em 1989, a separou em quatro fases:

> 1ª) a primeira vai desde a criação do STF até 1957; 2ª) a segunda começa em 1957, com a inserção da medida no RISTF, até 1967; 3ª) a terceira, a partir do disposto na CF de 1967, art. 115, parágrafo único, 'c', que foi reproduzido na EC 1/69, art. 120, parágrafo único, 'c', e posteriormente após a EC 7, de 13-4-1977, com o disposto no art. 119, I, 'o', sobre a avocatória, e no §3º, 'c', autorizando que o RISTF estabelecesse o processo e o julgamento dos feitos de sua competência originária ou recursal e a da arguição de relevância da questão federal; 4ª) a quarta, com o advento da CF de 5-10-88, cujos arts. 102, I, 'l', e 105, I, 'f', preveem, expressamente, a reclamação como da competência originária do STF e do STJ. (PACHECO, 1989, p. 19)

Com as alterações que advieram desde a publicação do artigo citado, de 1989 até a presente data, certamente o ilustre doutrinador incluiria outras fases na história da reclamação, diante das modificações que ocorreram ao longo desses anos, conforme será demonstrado a seguir.

2.1 Origem na jurisprudência do STF

A reclamação constitucional surgiu na jurisprudência do Supremo Tribunal Federal e sua origem, no âmbito do STF, é inspirada na teoria dos poderes implícitos (*implied powers*), que provém do direito norte-americano, haja vista a necessidade de o STF possuir mecanismo que garantisse a autoridade de suas decisões.

De acordo com José da Silva Pacheco, o julgamento do caso MacCullock X Maryland, na Suprema Corte dos Estados Unidos (EUA), e a teoria dos poderes implícitos contribuíram para que se admitisse a construção jurisprudencial na primeira metade deste século. Apesar da não aceitação de alguns, havia o entendimento de que,

> [...] 'desde que um fim é reconhecido necessário, os meios são permitidos; todas as vezes que é atribuída uma competência geral para fazer alguma coisa, nela estão compreendidos todos os particulares poderes necessários para realizá-la – princípio este que, se apresentando como o mais claramente estabelecido pelo Direito e pela Razão, encontrou a mais franca e irrestrita aceitação'. (MADISON, *apud* PACHECO, 2002, p. 603)

Ricardo de Barros Leonel acrescenta que a discussão que envolvia o caso MacCullock X Maryland, no ano de 1819, contemplava a constitucionalidade de um segundo banco americano para depósitos dos recursos financeiros do governo, sendo que a Constituição não autorizava. Assim, a Suprema Corte, ao examinar o caso,

> [...] nos termos externados na manifestação do Chief Justice John Marshall, salientou que, embora os Poderes da União sejam enumerados, não devem ser excluídos aqueles que são implicitamente necessários para o alcance dos fins estabelecidos no plano da ordem constitucional instituída. Em outras palavras, quando a Constituição estabelece propósitos a serem alcançados, estão compreendidos nas suas previsões os poderes necessários para o respectivo alcance, desde que estes sejam apropriados àqueles fins, não sejam expressamente proibidos e estejam em conformidade com a letra e o espírito da Constituição. (LEONEL, 2011, p. 113)

Segundo o mesmo autor, o Supremo Tribunal Federal (STF) utilizou tal teoria no julgamento da Reclamação (RCL.) nº 141, de 25 de janeiro de 1952, tornando possível que os tribunais fossem reconhecidos pela sua competência para interpretar a Constituição de maneira construtiva. Assim, com base nesse raciocínio, "[...] foi possível extrair a conclusão de que o poder do STF de julgar recursos extraordinários deveria compreender, embora não expresso, o poder de fazer prevalecer seus próprios pronunciamentos" (LEONEL, 2011, p. 113 e 114).

A aceitação da reclamação no âmbito do STF nessa fase não era unânime entre os seus ministros, mas passou a ser admitida pela maioria, visando assegurar a sua competência e a autoridade de seus julgados, conforme já dito anteriormente, com base na Teoria dos Poderes Implícitos.

Outrossim, o mesmo STF adotou entendimento de que os tribunais estaduais não poderiam instituir a reclamação em seus regimentos. Isso ficou evidente com o julgamento do Recurso Extraordinário (RE) nº 11.543, em 7 de dezembro de 1948 (BRASIL, 1950), e nessa oportunidade, foi reconhecida a inconstitucionalidade do dispositivo da Lei de Organização Judiciária do Estado da Bahia, que havia criado o instituto da reclamação.

2.2 A previsão no Regimento Interno do STF

Em seu artigo 97, inciso II, a Constituição Federal (CF) de 1946 previu a competência do Supremo Tribunal Federal (STF) para a elaboração do seu próprio Regimento Interno (BRASIL, 1946). Sugerida pelo seu então presidente, o Ministro Orozimbo Nonato, a reclamação passou a fazer parte do regimento do STF. Na sessão do dia 2 de outubro de 1957, quando se aprovavam alterações no Regimento, a reclamação foi incluída no Título II do capítulo V-A (BRASIL, 1980).

A Constituição de 1967, no art. 115, parágrafo único, alínea "c", passou a prever a competência do STF para estabelecer regras de processo e julgamento dos feitos de sua competência (BRASIL, 1967). A competência normativa foi mantida pelo art. 120, parágrafo único, letra "c", da Carta Constitucional de 1969 (BRASIL, 1969a).

Prevendo a reclamação, o então Tribunal Federal de Recurso (TFR) inseriu os arts. 194 a 201 em seu regimento interno. Todavia, ao apreciar a Representação nº 1.092,[10] em 3 de fevereiro de 1986, o Supremo

---

[10] "Reclamação. Instituto que nasceu de uma construção pretoriana, visando a preservação, de modo eficaz, da competência e da autoridade dos julgados do Supremo Tribunal Federal. Sua inclusão a 2 de outubro de 1957, no regimento interno do órgão maior na hierarquia

32 GUSTAVO CALMON HOLLIDAY
A RECLAMAÇÃO CONSTITUCIONAL NO NOVO CPC

Tribunal Federal (STF) declarou a inconstitucionalidade dos referidos artigos, sob o fundamento de que a reclamação era um instrumento processual que dependeria de lei federal para a sua instituição. Ricardo de Barros Leonel lembra o importante julgamento da Rcl. n° 831-DF,[11] em 1970. Mesmo cometendo o equívoco de que a reclamação seria um recurso, o relator Min. Moacyr Amaral Santos firmou sua constitucionalidade, "[...] sua natureza processual e jurisprudencial (distanciando-se da função administrativa e correcional), seus pressupostos e limites, bem como seu papel voltado a preservar a competência e assegurar a autoridade de julgados do STF" (LEONEL, 2011, p. 117).

2.3 Da previsão no âmbito da Constituição Federal

Com o advento da Constituição Federal de 1988, a reclamação passou a constar expressamente do seu texto no artigo 102, I, "l",[12] e no artigo 105, I, "f",[13] com dupla finalidade: preservação da competência

---

judicial e que desfruta de singular posição. Poder reservado exclusivamente ao Supremo Tribunal Federal para legislar sobre 'o processo e o julgamento dos feitos de sua competência originaria ou recursal', instituído pela Constituição Federal de 1967 (Art. 115, parágr. único, 'c', hoje art. 119, parágr. 3º, 'c'). Como quer que se qualifique – recurso, ação, ou medida processual de natureza excepcional, é incontestável a afirmação de que somente ao Supremo Tribunal Federal, em face primacialmente, da previsão inserida no art. 119, parágr. 3º, 'c', da Constituição da República, é dado no seu regimento interno, criar tal instituto, não previsto nas leis processuais. O Regimento Interno do Tribunal Federal de Recursos, ao criar a reclamação, nos seus arts. 194 a 201, 'para preservar a competência do tribunal ou garantir a autoridade das suas decisões', vulnerou os preceitos constantes do art. 43 c/c. O art. 8º, inciso XVII, 'b', art. 6º e seu parágrafo único, e do art. 119, parágrafo 3º, 'c', da Lei Magna. Representação julgada procedente, por maioria de votos" (BRASIL, 1984).

[11] "Reclamação – Natureza Jurídica – Cabimento – Pressupostos – Finalidade. 1. A finalidade da reclamação é a de preservar a integridade da competência do Supremo Tribunal Federal ou assegurar a autoridade do seu julgado. 2. Terminada a instância, isto é, entregue a prestação jurisdicional e pôsto têrmo à relação processual, não se há como falar em reclamação. 3. São pressupostos da reclamação: a) a existência de uma relação processual em curso; e b) um ato que se ponha contra a competência do Supremo Tribunal ou contrarie decisão dêste proferida nessa reclamação processual ou em relação processual que daquela seja dependente. 4. Não cabe reclamação, uma vez que não haja ato processual contra o qual se recorra, mas ato administrativo, que, se violento ou ilegal, tem por remédio ação própria, inclusive mandado de segurança. 5. Reclamação não conhecida" (BRASIL, 1971, p. 539).

[12] "Art. 102. Compete ao Supremo Tribunal Federal, precipuamente, a guarda da Constituição, cabendo-lhe: I – processar e julgar, originariamente: [...] l) a reclamação para a preservação de sua competência e garantia da autoridade de suas decisões" (BRASIL, 1988).

[13] "Art. 105. Compete ao Superior Tribunal de Justiça: I – processar e julgar, originariamente: [...] f) a reclamação para a preservação de sua competência e garantia da autoridade de suas decisões" (BRASIL, 1988).

e garantia de autoridade das decisões do Supremo Tribunal Federal e do Superior Tribunal de Justiça (BRASIL, 1988).

2.3.1 A Lei nº 8.038/90

Posteriormente, a reclamação foi regulamentada pela Lei nº 8.038, de 1990, que instituiu normas procedimentais para os processos perante o Superior Tribunal de Justiça (STJ) e o Supremo Tribunal Federal (STF), mais especificamente em seus artigos 13 a 18 (BRASIL, 1990a).

O instituto da reclamação em sede legal e regimental trouxe pontos importantes, tais como: o objeto da medida; a legitimidade para a sua propositura; a necessidade de instrução da petição de reclamação; a requisição de informações da autoridade pelo relator; a possibilidade de suspensão do curso do processo pelo relator; a impugnação ao pedido da reclamação pelos interessados; e demais questões relativas ao procedimento da medida e ao cumprimento da decisão.

2.3.2 A Emenda Constitucional nº 3/93

Sérgio Massaro Takoi destaca a importância da Emenda Constitucional nº 3/93 (BRASIL, 1993). O autor salienta que o poder reformador introduziu a ação de Arguição de Descumprimento de Preceito Fundamental (ADPF), possibilitando a utilização da reclamação em caso de seu descumprimento, conforme previsão do art. 13 da Lei nº 9.882/99 (BRASIL, 1999a), assim como a Ação Declaratória de Constitucionalidade (ADC). Esta, da mesma forma que a Ação Direta de Inconstitucionalidade (ADI), possui decisões com efeito vinculante e, portanto, também é passível de reclamação constitucional para hipótese de desobediência de decisão judicial (TAKOI, 2013).

2.3.3 A Emenda Constitucional nº 45/2004

Com a promulgação da Emenda Constitucional (EC) nº 45/2004, denominada reforma do Poder Judiciário, foi instituído o Controle Externo do Judiciário e do Ministério Público por meio do Conselho Nacional de Justiça (CNJ) e do Conselho Nacional do Ministério Público (CNPM), respectivamente. Extinguiram-se os Tribunais de Alçada, introduziu-se o Princípio da Duração Razoável do Processo, bem como a Repercussão Geral como requisito de admissibilidade do recurso extraordinário (BRASIL, 2004a).

Foi criada a súmula vinculante no Supremo Tribunal Federal, bem como outra hipótese de cabimento de reclamação constitucional no caso de seu descumprimento, seja por decisão judicial ou ato administrativo, conforme expressamente previsto no §3º do artigo 103-A da Constituição Federal (CF).[14]

Com relação a esse ponto, Ricardo de Barros Leonel considera que a CF consagra novas possibilidades e perspectivas para a reclamação. Para ele,

> Se a própria súmula vinculante foi estabelecida como mecanismo de fortalecimento do papel nomofilácico, com relação à Constituição, exercido pelo STF, a autorização constitucional e legal para a utilização da reclamação na hipótese de não observância dos preceitos sumulados em caráter imperativo caracteriza verdadeira expansão do instituto. Com isso, renova-se sua finalidade, função e características, delineando-se de modo mais claro, em visão contemporânea, sua natureza de ação. (LEONEL, 2011, p. 122)

A Lei nº 11.417/2006 veio a regulamentar o art. 103-a da CF, com previsão expressa do cabimento da reclamação em seu art. 7º para as hipóteses que contrariem ou neguem vigência às súmulas vinculantes ou que as aplique indevidamente.[15]

---

[14] "Art. 103-A. O Supremo Tribunal Federal poderá, de ofício ou por provocação, mediante decisão de dois terços dos seus membros, após reiteradas decisões sobre matéria constitucional, aprovar súmula que, a partir de sua publicação na imprensa oficial, terá efeito vinculante em relação aos demais órgãos do Poder Judiciário e à administração pública direta e indireta, nas esferas federal, estadual e municipal, bem como proceder à sua revisão ou cancelamento, na forma estabelecida em lei.
§1º A súmula terá por objetivo a validade, a interpretação e a eficácia de normas determinadas, acerca das quais haja controvérsia atual entre órgãos judiciários ou entre esses e a administração pública que acarrete grave insegurança jurídica e relevante multiplicação de processos sobre questão idêntica.
§2º Sem prejuízo do que vier a ser estabelecido em lei, a aprovação, revisão ou cancelamento de súmula poderá ser provocada por aqueles que podem propor a ação direta de inconstitucionalidade.
§3º Do ato administrativo ou decisão judicial que contrariar a súmula aplicável ou que indevidamente a aplicar, caberá reclamação ao Supremo Tribunal Federal que, julgando-a procedente, anulará o ato administrativo ou cassará a decisão judicial reclamada, e determinará que outra seja proferida com ou sem a aplicação da súmula, conforme o caso" (BRASIL, 1988).

[15] "Art. 7º. Da decisão judicial ou do ato administrativo que contrariar enunciado de súmula vinculante, negar-lhe vigência ou aplicá-lo indevidamente caberá reclamação ao Supremo Tribunal Federal, sem prejuízo dos recursos ou outros meios admissíveis de impugnação.
§1º. Contra omissão ou ato da administração pública, o uso da reclamação só será admitido após esgotamento das vias administrativas.
§2º. Ao julgar procedente a reclamação, o Supremo Tribunal Federal anulará o ato

2.4 O novo Código de Processo Civil – Lei nº 13.105/2015

A Lei nº 13.105/2015, que instituiu o novo Código de Processo Civil brasileiro, passou a prever a reclamação em seu texto, mais especificamente nos artigos 988 a 993 do Livro III, que trata "Dos Processos nos Tribunais e dos Meios de Impugnação das Decisões Judiciais" e Título I, "Da Ordem dos Processos e dos Processos de Competência Originária dos Tribunais".[16]

Desde a sua origem, somente com a edição da Lei nº 13.105/2015 é que a reclamação passou a integrar o Código de Processo Civil (CPC)

---

administrativo ou cassará a decisão judicial impugnada, determinando que outra seja proferida com ou sem aplicação da súmula, conforme o caso" (BRASIL, 2006a).

[16] "Art. 988. Caberá reclamação da parte interessada ou do Ministério Público para:
I – preservar a competência do tribunal;
II – garantir a autoridade das decisões do tribunal;
III – garantir a observância de enunciado de súmula vinculante e de decisão do Supremo Tribunal Federal em controle concentrado de constitucionalidade;
IV – garantir a observância de acórdão proferido em julgamento de incidente de resolução de demandas repetitivas ou de incidente de assunção de competência;
§5º É inadmissível a reclamação:
I – proposta após o trânsito em julgado da decisão reclamada;
II – proposta para garantir a observância de acórdão de recurso extraordinário com repercussão geral reconhecida ou de acórdão proferido em julgamento de recursos extraordinário ou especial repetitivos, quando não esgotadas as instâncias ordinárias.
§1º A reclamação pode ser proposta perante qualquer tribunal, e seu julgamento compete ao órgão jurisdicional cuja competência se busca preservar ou cuja autoridade se pretenda garantir.
§2º A reclamação deverá ser instruída com prova documental e dirigida ao presidente do tribunal.
§3º Assim que recebida, a reclamação será autuada e distribuída ao relator do processo principal, sempre que possível.
§4º As hipóteses dos incisos III e IV compreendem a aplicação indevida da tese jurídica e sua não aplicação aos casos que a ela correspondam.
§5º É inadmissível a reclamação proposta após o trânsito em julgado da decisão.
§6º A inadmissibilidade ou o julgamento do recurso interposto contra a decisão proferida pelo órgão reclamado não prejudica a reclamação.
Art. 989. Ao despachar a reclamação, o relator:
I – requisitará informações da autoridade a quem for imputada a prática do ato impugnado, que as prestará no prazo de 10 (dez) dias;
II – se necessário, ordenará a suspensão do processo ou do ato impugnado para evitar dano irreparável;
III – determinará a citação do beneficiário da decisão impugnada, que terá prazo de 15 (quinze) dias para apresentar a sua contestação.
Art. 990. Qualquer interessado poderá impugnar o pedido do reclamante.
Art. 991. Na reclamação que não houver formulado, o Ministério Público terá vista do processo por 5 (cinco) dias, após o decurso do prazo para informações e para o oferecimento da contestação pelo beneficiário do ato impugnado.
Art. 992. Julgando procedente a reclamação, o tribunal cassará a decisão exorbitante de seu julgado ou determinará medida adequada à solução da controvérsia.
Art. 993. O presidente do tribunal determinará o imediato cumprimento da decisão, lavrando-se o acórdão posteriormente" (BRASIL, 2015a).

brasileiro, ao mesmo tempo que revogou expressamente os artigos 13 a 18 da Lei nº 8.038/90, o diploma legal regulou o referido instituto até o término da *vacatio legis*, no mês de março de 2016.

Com o novo Código de Processo Civil, houve ampliação da competência a todos os tribunais e maior explicitação das hipóteses de cabimento da reclamação, com um maior detalhamento do procedimento, se comparado à Lei nº 8.038/90.

Além das hipóteses de preservação da competência do tribunal e garantia da autoridade das suas decisões, houve previsão de garantia da observância de decisão do Supremo Tribunal Federal (STF) em controle concentrado de constitucionalidade e a garantia da observância de enunciado de súmula vinculante e de acórdão proferido em julgamento de casos repetitivos ou em incidente de assunção de competência.

Um importante avanço legislativo, na mesma linha do CPC de 2015 como um todo, foi a incorporação ao Código de algumas questões que ainda eram controvertidas na doutrina, mas já sedimentadas na jurisprudência, incluindo-se algumas súmulas. Um exemplo que se pode citar é a possibilidade do ajuizamento da reclamação perante todos os tribunais, conforme redação do §1º do art. 988 do novo Código (BRASIL, 2015a).

A reclamação foi introduzida no novo Código com o propósito de tornar mais célere o processo e ao mesmo tempo proporcionar maior segurança jurídica, na medida em que existe um instrumento para resguardar a autoridade das decisões dos Tribunais, especialmente as súmulas vinculantes editadas pelo STF. O instituto da reclamação tem um papel importante na sistemática processual, pois também visa preservar a competência dos Tribunais.

No art. 989, inciso III, o novo Código de Processo Civil inovou com a previsão de citação do beneficiário da decisão impugnada para apresentar contestação no prazo de 15 dias (BRASIL, 2015a). Esclareça-se, todavia, que essas alterações serão tratadas de forma pormenorizada em capítulo próprio.

2.5 Síntese da evolução da reclamação constitucional no Direito brasileiro

Assim se resume a evolução da reclamação:

1º) em 1952, a reclamação surge na jurisprudência do Supremo Tribunal Federal (STF), com base na Teoria dos Poderes Implícitos;

CAPÍTULO 2
ORIGEM E EVOLUÇÃO DA RECLAMAÇÃO CONSTITUCIONAL NO DIREITO BRASILEIRO | 37

2º) em 1957, a reclamação é inserida no Regimento Interno do STF (RISTF), decorrente de autorização constitucional; 3º) em 1984, o STF, na Representação nº 1.092, declarou inconstitucionais os dispositivos do regimento interno do Tribunal Federal de Recursos (TRF) que previam a reclamação (BRASIL, 1984); 4º) em 1988, a reclamação passa a ter sua previsão na Constituição Federal vigente, com competência originária do STF e do STJ (BRASIL, 1988); 5º) em 1990, a reclamação passa a ser regulamentada pela Lei nº 8.038/90, que tinha o objetivo de instituir normas procedimentais para os processos perante o STJ e STF (BRASIL, 1990a); 6º) em 2003, foi publicada a decisão do STF no julgamento da Ação Direta de Inconstitucionalidade (ADIn) nº 2212-1-CE, que reconheceu a constitucionalidade da previsão da reclamação na Constituição do estado do Ceará, mesmo sem a existência de lei federal;[17] 7º) em 2004, a Emenda Constitucional (EC) nº 45/2004, que dispôs sobre a reforma do Poder Judiciário, criou a súmula vinculante, prevendo a reclamação constitucional como instrumento próprio para assegurar a sua aplicação, ou no caso de aplicação indevida (BRASIL, 2004a); 8º) em março de 2015, foi sancionada a Lei nº 13.105/2015, que instituiu o novo Código de Processo Civil (CPC), com *vacatio legis* de 1 (um) ano, prevendo o instituto da reclamação em todos os tribunais, ampliando as hipóteses de cabimento, revogando os artigos 13 a 18, que tratam da matéria na Lei nº 8.038/90 (BRASIL, 2015a, 1990a); 9º) em 5 de fevereiro de 2016, foi publicada a Lei nº 13.256/16 que, antes mesmo da vigência do novo CPC, alterou a redação dos incisos III e IV do artigo 988 do NCPC (BRASIL, 2016b).

---

[17] Esse ponto foi tratado no capítulo relativo à natureza jurídica da reclamação, detalhando o julgamento do STF na Adin nº 2212-1-CE (BRASIL, 2003b).

CAPÍTULO 3

DIREITO COMPARADO

3.1 Dos sistemas jurídicos da *civil law* e da *common law*

Nos países que adotam o modelo da *common law*, oriundo do direito anglo-saxão, tendo como exemplos os Estados Unidos (EUA) e o Reino Unido, os julgamentos são baseados nos precedentes (*stare decisis*), cuja primeira decisão sobre o assunto (*leading case*) servirá de paradigma aos demais.

Tradicionalmente, o Brasil é um país com sistema jurídico da *civil law*, o que significa que o direito tem por base a lei como fonte fundamental, onde as questões jurídicas são solucionadas mediante interpretação e aplicação da lei.

Com a instituição das súmulas vinculantes e outras medidas que elegeram a cultura do precedente jurisdicional como fonte de julgamento, pode-se considerar que há uma transformação no sistema brasileiro de *civil law*, e pode-se ousar afirmar que já se opera em um sistema misto.

De acordo com Paulo Roberto Soares Mendonça, países do *common law* têm adotado *statutes*,

> [...] que se aproximam das leis da tradição romano-germânica. Do mesmo modo, os países desta última vertente vêm incorporando aos seus ordenamentos jurídicos institutos que reforçam o caráter normativo das decisões dos tribunais, como é o caso da súmula vinculante, aqui debatida. (MENDONÇA, 2011, p. 185)

Conforme ensinamentos de Felipe Veit Leal, há força vinculativa na *civil law*, considerando que as leis são baseadas em atos constitucionais. Entretanto, não há força vinculativa nas decisões judiciais pretéritas, mas apenas persuasiva, já que elas servem

> [...] como fundamento para uma razão de decidir, mas sem impor ao julgador a necessidade de adequar o seu julgado àquela decisão que solucionou conflito análogo do passado, preservando assim a livre convicção e a independência do magistrado. Na verdade, o que me parece ser a grande distinção entre um sistema e outro é a origem da força vinculativa: em um, o surgimento de uma norma genérica e abstrata, decorrente de um processo de dedução lógica visando a estabelecer uma organização geral (*civil law*); no outro, um modelo a obedecer um raciocínio concreto, voltado a resolver situações individualizadas, partindo daí regras a solucionar situações semelhantes ou idênticas (*common law*). (LEAL, 2012)

Rodolfo Camargo Mancuso, quando trata da súmula vinculante no Brasil, sentencia que o modelo jurídico-político adotado

> [...] deixa de ser estritamente centrado na norma legal (família da *civil law*), dada a recepção de uma característica básica da *common law*, qual seja o precedente judiciário, a operar como paradigma nas relações entre os indivíduos, e na interação destes com o Estado. Corolariamente, restará admitir que a jurisprudência, sob a modalidade sumulada ou dominante, passa a atuar como um comando geral, abstrato e impessoal, de sorte que, no rol das fontes das obrigações, caberá então elencar, ao lado da lei, do contrato e do ato ilícito, também a súmula vinculativa e a jurisprudência dominante. (MANCUSO, 2001, p. 310-311)

Nota-se, de forma clara, a influência do sistema da *common law* no Código de Processo Civil de 2015, visto que passou a privilegiar os precedentes com a proposta de uniformização e estabilização da jurisprudência, e com o objetivo final de proporcionar maior segurança jurídica aos jurisdicionados.

3.2 Da origem nacional da reclamação

A doutrina nacional, objeto de pesquisa, foi unânime em considerar a reclamação constitucional como instituto criado pelo direito brasileiro, não havendo, no direito estrangeiro, medida judicial com as mesmas características.

Com muito esforço, as obras trazem capítulos específicos sobre o direito estrangeiro, utilizando-se da palavra reclamação para fazer a pesquisa. A reclamação[18] como expressão é utilizada em vários ordenamentos jurídicos, inclusive no brasileiro. Todavia, a reclamação tem como escopo a preservação da competência dos tribunais e a garantia do respeito às decisões das mais elevadas Cortes de Justiça, e não há instituto com as mesmas características e finalidade.

Sérgio Massaro Takoi, na obra *Reclamação Constitucional*, explica que as decisões da Suprema Corte norte-americana reafirmam a supremacia da Constituição, e os juízes inferiores devem acatá-las devido à aplicação do *stare decisis*, uma vez que a *common law* incluiu tal tradição (TAKOI, 2013). O autor cita Adhemar Ferreira Maciel: "[...] 'nos Estados Unidos, as decisões dos tribunais de última instância vinculam naturalmente os tribunais inferiores' [...]" (MACIEL, *apud* TAKOI, 2013), e afirma que isso se deve ao primado do precedente judicial, o *stare decisis* (TAKOI, 2013).

Se a Suprema Corte americana descumprir o precedente, "[...] é possível a propositura de *writs*, e no caso de descumprimento de súmula vinculante ou de decisão de mérito em ADI ou ADC do Pretório Excelso brasileiro, a reclamação" (TAKOI, 2013).

Dentre os *writs* citados pelo referido autor, destacam-se o *Writ of Certiorari* e o *Writ of Prohibition*. O primeiro é previsto nos artigos 10 a 16 do Regimento da Suprema Corte, e só é admitido em questões consideradas relevantes. Já o *Writ of Prohibition* visa impedir que um juízo ou uma corte inferior excedam a sua jurisdição ou extrapolem a sua competência.

Marcelo Navarro Ribeiro Dantas arremata: "Em suma: alguns desses meios podem servir para veicular, perante a Suprema Corte, algum tipo de pretensão que aqui no Brasil seria objeto de reclamação. Mas não há nenhum com as características e finalidades específicas desta" (DANTAS, 2000, p. 392).

Mais adiante, de acordo com o mesmo autor, "não se acha nada" sobre a imposição de autoridade de tribunais, juízes e Suprema Corte, e provavelmente esse é o motivo de não se providenciar o cumprimento de julgados, como a reclamação, de forma obrigatória (DANTAS, 2000).

---

[18] Muito apropriada a observação de Marcelo Navarro Ribeiro Dantas, quando afirma, em nota de rodapé ao artigo "A Reclamação Constitucional no Direito Comparado": "Se nem cá no Brasil o vocábulo serve para identificar um instituto jurídico, imagine-se valer-se dele (ou das equivalentes traduções) como norte para uma busca no estrangeiro..." (DANTAS, 2013, p. 336).

Todavia,

> [...] embora dela distinto, tem a ver com essa finalidade o instituto do *contempt of court* (desacato ao tribunal), em face do qual podem caber as mais variadas disposições, à vista da compreensão muito vasta que ele possui no Direito Americano. Abrange desde as mais elementares expressões do poder de polícia jurisdicional, passando por medidas assemelhadas à nossa determinação para que a pessoa ou instituição sujeita a uma dada decisão tenha de pagar uma multa, fazer ou não fazer determinada coisa (*mandatory* ou *prohibitory*), chegando mesmo à prisão. (DANTAS, 2000, p. 392)

Leonardo L. Morato, na obra *Reclamação e sua Aplicação para o Respeito da Súmula Vinculante*", afirmou: "Não há, no direito estrangeiro, instituto sequer semelhante à reclamação. Entre os mais diversos institutos analisados, não se encontrou nenhum que tivesse o mesmo propósito do instituto em análise ou alguma pertinência com o presente estudo" (MORATO, 2007, p. 37).

Apesar de os países terem os seus próprios meios para garantir o cumprimento das decisões judiciais e preservarem as competências dos Tribunais, não foi identificado pela doutrina um instituto similar à Reclamação Constitucional no Brasil.

Conclui-se, dessa forma, que a Reclamação é um instituto genuinamente brasileiro, existindo em alguns ordenamentos outras ferramentas que se assemelham à reclamação em pontos isolados, mas nenhum com essa abrangência.

CAPÍTULO 4

NATUREZA JURÍDICA DA RECLAMAÇÃO NO DIREITO BRASILEIRO

4.1 Natureza jurídica

No que diz respeito à natureza jurídica relativa à reclamação constitucional, a doutrina e a jurisprudência divergem. A definição da natureza jurídica da reclamação constitucional é importante, pois influenciará na aplicação de inúmeros institutos processuais correlatos, bem como na competência legislativa.

Dessa forma, caso seja considerada ação autônoma, obviamente deverá obedecer aos requisitos da petição inicial e às consequências dessa inobservância, como, por exemplo, indeferimento da inicial ou mesmo dever de emenda, ou ainda, indicação do valor da causa e produção da coisa julgada.

Caso seja considerado um recurso, deverão obedecer aos requisitos e princípios inerentes ao instituto, como, por exemplo, o pedido de anulação ou reforma da decisão, preparo, etc., e da mesma forma, caso seja considerada medida administrativa. Há ainda outras classificações trazidas pela doutrina como remédio constitucional, sucedâneo recursal, incidente processual ou ainda um direito de petição (MORATO, 2007).

Outro aspecto importante ao se estabelecer a natureza jurídica refere-se à competência legislativa. No próprio Supremo Tribunal Federal (STF) houve grande debate se a reclamação seria ou não ação e, portanto, caso fosse considerada ação, a competência legislativa privativa seria da União Federal, na forma estabelecida no art. 22, I, da Carta Maior (BRASIL, 1988). Apesar de existirem diversas nomenclaturas, não devem ser confundidas com a natureza jurídica. A natureza jurídica de um instituto do direito serve para enquadrá-lo em uma das categorias gerais do direito. Procura-se descobrir sua essência, para situá-lo em alguma das categorias gerais do direito, com o fim de determinar as normas aplicáveis ao mesmo.

Nesse propósito, entende-se que a denominação "remédio constitucional" ou "direito de petição" não seriam propriamente natureza jurídica do instituto, mas nomenclaturas alternativas. Apenas para citar um exemplo, o mandado de segurança (MS) é uma ação, mas ao mesmo tempo é um remédio constitucional (*writ*) e também um direito de petição assegurado constitucionalmente.

Ante essas considerações, será mais didático situá-la entre as classificações de ação, recurso, incidente processual ou medida administrativa. Ao mesmo tempo, deve-se considerar a natureza jurídica da reclamação diante das disposições legais recém-introduzidas com o novo Código de Processo Civil (NCPC).

4.1.1 Da reclamação como recurso

Na lição de José Carlos Barboza Moreira, recurso pode ser definido com "[...] o remédio voluntário idôneo a ensejar, dentro do mesmo processo, a reforma, a invalidação, o esclarecimento ou a integração da decisão judicial que se impugna" (MOREIRA, 2009, p. 233).

Na conceituação de "recurso", Nelson Nery Júnior o declara como uma via que é utilizada pelas pessoas que participam da mesma relação processual, e que tem a finalidade de anular decisões judiciais, reformá-las, integrá-las ou torná-las claras, obedecendo aos prazos determinados (NERY JÚNIOR, 2004, p. 5).

Flávio Cheim Jorge, na obra *Teoria Geral dos Recursos Cíveis* define: "Pelo exposto, podemos concluir que recurso é um remédio dentro da mesma relação processual que dispõem a parte, o Ministério Público e os terceiros prejudicados, para obter a reforma, a invalidação, o esclarecimento ou a integração de uma decisão judicial".[19]

---

[19] *Teoria geral dos recursos cíveis*. 3. ed. RT, 2007, p. 24.

Cássio Scarpinella Bueno conceitua recurso como: "[...] meio processual que a lei coloca à disposição das partes, do Ministério Público e de um terceiro, a viabilizar, dentro da mesma relação jurídica processual, a anulação, a reforma, a integração ou o aclaramento da decisão judicial impugnada" (BUENO, 2015, p. 322)

No mesmo sentido é a lição de Eduardo Arruda Alvim, ao asseverar que os recursos são inseridos no mesmo processo,

> [...] prolongando-o e objetivando ver decididas novamente as matérias constantes da sentença e também decisões interlocutórias, por isso mesmo obstando que haja coisa julgada ou impedindo que ocorra preclusão: vale dizer, alongam a litispendência formada com a citação, ou resolvem questões menores. Os recursos podem objetivar a reforma, a invalidação, a integração ou o esclarecimento da decisão impugnada. (ALVIM, 2000, 322)

José Frederico Marques classifica a reclamação dentro da categoria de recursos regimentais, juntamente com os embargos infringentes, embargos de declaração e agravos regimentais.

Sérgio Massaru Takoi, de forma categórica, afirma que, como a reclamação não objetiva reformar decisão judicial, não pode ser um recurso. Nesse sentido,

> Quanto à reclamação no âmbito do STF (CF, 102, I, l) e do STJ (CF, 105, I, f), não se configura como recurso porque sua finalidade não é impugnar decisão judicial pretendendo-lhe a reforma ou invalidação, mas tão somente fazer com que seja cumprida decisão do STF ou do STJ sobre determinada hipótese, ou preservar a competência do Pretório Excelso. (NERY JÚNIOR, *apud* TAKOI, 2013, p. 39-40)

Em outra passagem, Nelson Nery Júnior afirma que, caso seja considerada a reclamação como um recurso, além de não estar prevista em lei, ferirá o princípio da taxatividade que alude ao sistema recursal. Os recursos são medidas típicas

> [...] pelo que não se pode atribuir natureza recursal à reclamação. Por outro lado, a reclamação não tem por finalidade impugnar decisão judicial, invalidando-a ou reformando-a, mas sim tem o objetivo de fazer com que a decisão dos tribunais superiores seja cumprida ou, ainda, preservar a competência jurisdicional do Pretório Excelso. (NERY JÚNIOR, 1997, p. 156)

Palhares Moreira Reis, na obra *Reclamação Constitucional e Súmula Vinculante*, expõe o seu ponto de vista de que a reclamação constitucional não apresenta requisitos de recursos, e

> [...] eis que no caso não existe a sucumbência, nem se busca da reforma ou anulação da decisão. Muito ao contrário, se o recurso somente é manejável por quem foi malsucedido na demanda, o que a reclamação pede é que seja assegurado o cumprimento de decisão pretoriana superior, que lhe foi favorável e que está sendo descumprida pelos juízos inferiores. (REIS, 2010, p. 69)

Para o autor, ao contrário do que acontece com um pedido de caráter recursal, na reclamação existe a vantagem de se poder encaminhar direto ao Supremo Tribunal Federal (STF), ou outra Corte competente, as decisões que são contrárias ao seu entendimento, de modo que

> [...] a Corte competente decida na forma prevista na lei e no seu regimento, e isto sem a necessidade de ter de caminhar por todas as instâncias da estrutura do Poder Judiciário, permitindo um exame imediato da alegada desobediência à orientação maior. (REIS, 2010, p. 73)

Nessa mesma linha, Gisele Santos Fernandes Góes rejeita a natureza recursal da reclamação em trecho esclarecedor. Segundo a autora, a reclamação não é recurso, pois

> [...] não pretende a reforma (efeito substitutivo) ou a invalidação (efeito rescindente), mas sim o cumprimento da decisão ou o resguardo da competência dos Tribunais Superiores (Supremo Tribunal Federal ou Superior Tribunal de Justiça). E, além disso, não gera devolução, não resta sujeito à preclusão, em termos de prazo peremptório, e não está na competência recursal do Superior Tribunal de Justiça e do Supremo Tribunal Federal. (GÓES, 2006, p. 505)

O Supremo Tribunal Federal também já se manifestou sobre o assunto, afastando a natureza recursal da reclamação: "Reclamação não é recurso e não se destina a examinar o ato impugnado com vistas a repudiá-lo por alguma invalidade processual-formal ou corrigi-lo por erros em face da lei ou da jurisprudência" (BRASIL, 2006b).

4.1.2 Da reclamação como medida administrativa

Conforme asseverou Leonardo L. Morato, já houve o entendimento de que a reclamação, no princípio, era um tipo de medida administrativa, e sua natureza se confundia com a natureza da correição parcial. Na época, a reclamação possuía contornos de medida correcional, e tais denominações (administrativo e correcional) causavam confusão,

> [...] sendo certo que, não raras as vezes, como ainda ocorre, a correição parcial é denominada de reclamação, a exemplo do que se dá no Estado do Rio de Janeiro. Por consequência, a constitucionalidade da reclamação era objeto de infindável controvérsia, seja na doutrina, seja na jurisprudência, devido ao seu exacerbado e inadequado, para fazer as vezes de um recurso. É que, na qualidade de medida administrativa, assim considerada, a reclamação (ou a correição parcial) teria uma finalidade bem diversa de um recurso, não podendo ser utilizada como tal. (MORATO, 2007, p. 85)

4.1.2.1 Da reclamação e correição parcial

Hodiernamente a reclamação constitucional não se confunde com a reclamação correcional ou, também denominada, correição parcial. Esta, como se sabe, é medida administrativa que tem como objetivo corrigir equívocos praticados no processo do qual não caibam recursos.

Araken de Assis, quando define correição parcial, escreve: "A correição parcial é remédio que, teoricamente sem interferir com os atos decisórios, beneficia os litigantes que se aleguem vítimas de erros ou de abusos que invertam ou tumultuem a ordem dos atos processuais" (ASSIS, 2011, p. 895).

Cândido Rangel Dinamarco, de forma veemente, nega a natureza administrativa da reclamação constitucional, nos seguintes termos:

> O que ali decide o Supremo Tribunal Federal, o Superior Tribunal de Justiça ou mesmo um tribunal local vai além da eficácia consistente em chamar o juiz à obediência ou de preservar o espaço constitucionalmente reservado a um desses tribunais. Ao repelir a desobediência ou proclamar a sua competência, o tribunal afasta a eficácia de um ato realizado pelo juiz ou tribunal inferior a título ou sobre o processo em que este se desenrola. O tribunal realiza, portanto, um controle que de algum modo irá atingir os litigantes, o seu litígio ou o processo em que estão envolvidos. Cassar uma decisão é típica atividade jurisdicional, sendo um absurdo pensar em medidas puramente administrativas capazes de banir a eficácia de atos de exercício da jurisdição. (DINAMARCO, 2013, p. 198-199)

Conforme rito previsto nos artigos 988 a 993 do novo Código de Processo Civil, a citação para apresentação de contestação será proposta perante o tribunal. Apesar de não constar expressamente dos dispositivos que tratam da reclamação, a decisão do tribunal que apreciar a reclamação será passível de recurso ao órgão de revisão. A decisão final proferida pelo tribunal também será passível de ação rescisória. Diante dessas características citadas, não há dificuldades para reconhecer a natureza jurisdicional da reclamação.

4.1.3 Da reclamação como incidente processual

Inicialmente, deve ser destacado que a própria delimitação do que seja incidente processual tem encontrado divergências na doutrina (RODRIGUES, 2010).

Cândido Rangel Dinamarco descreve a diferença entre o incidente no processo e o processo incidental. Para o respeitado doutrinador, o incidente no processo se refere ao procedimento paralelo que pode determinar a suspensão de um processo principal, porém integra-se ao processo pendente. Com relação ao processo incidente, o autor define como processo novo, ou seja, consiste em

> [...] outro processo, que tem vida em função do primeiro, que produzirá sentença destinada a projetar efeitos sobre ele, mas sempre será um processo em si mesmo. A mais relevante consequência prática dessa distinção é que os incidentes do processo têm fim mediante decisão interlocutória, sujeita a agravo, enquanto que é sentença o ato que põe fim ao processo incidente. (DINAMARCO, 1986, p. 172)

Marcelo Abelha Rodrigues critica o tratamento dado pelo legislador no Código de Processo Civil (CPC) de 1973, enfatizando que o tema requer atenção, e não foi dada a devida importância. As referências ao incidente carecem de técnica legislativa, e isto pode ter como justificativa a luta da doutrina em torno da natureza jurídica e da inserção na teoria geral do processo. Esse autor reflete que o incidente processual foi tratado imprecisamente e timidamente no CPC, sendo

> [...] visto de modo genérico como fenômeno voluntário de incidentalidade, ora visto como sequência de atos com respectivo procedimento lateral ao principal, ora visto, ainda, como questão incidental, só vem denunciar a dificuldade doutrinária em precisar os lindes conceituais dos incidentes processuais.

Quando analisamos o art. 17, VI, do CPC, vemos que se reputa litigante de má-fé aquele que provocar incidentes manifestamente infundados.

Neste caso, a palavra *incidentes* possui um sentido lato, abrangendo o conceito de ações, questões ou pontos incidentais provocados com manifesto interesse protelatório para macular a efetividade do processo. (RODRIGUES, 2010, p. 39)

Leonardo L. Morato nega a natureza jurídica de incidente processual da reclamação, afirmando que o mesmo apresenta uma questão secundária como objeto. Porém essa questão deve ter uma ligação direta com a principal, que é a lide, ou seja, a que originou a instauração do processo.

A questão incidental não tem vida própria, nem aptidão para ser objeto de processo autônomo, sendo certo que se instaura dentro de um processo, embutida neste.

De modo diverso ocorre com a reclamação, que versa sobre questão autônoma, independente, prescindível de outro processo. Mesmo na hipótese de fazer menção a um processo, a reclamação constitui um novo processo, com uma nova questão dita principal, a ser decidida, que é lógica e cronologicamente posterior à decisão que deu ensejo à reclamatória, à decisão reclamada. (MORATO, 2007, p. 100-101)

A reclamação possui algumas características de incidente processual, mas com ele não se confunde. Aliás, entende-se que a classificação dos institutos jurídicos é uma tarefa difícil, visto que na maioria das vezes existem várias características comuns entre si. A definição quanto à classificação deverá ser a que mais se aproxima do objeto pretendido, e deve-se reconhecer, desde já, que não é tarefa simples.

O Superior Tribunal de Justiça (STJ), ao julgar a Pet. na Rcl. nº 5.488-SP, por meio do relator Ministro Humberto Martins, manifestou-se no sentido de que a reclamação poderia ser entendida "[...] como um remédio constitucional ou mesmo um incidente processual" (BRASIL, 2011a).[20]

---

[20] "Processual civil. Constitucional. Reclamação. Autoridade reclamada. Exceção de impedimento. Art. 134, I E III, do CPC. Incabível. Oferta de informações. Art. 14, I, da Lei nº 8.038/90. Função legal e regular. Natureza jurídica da reclamação. Direito material. Processamento. Lógica e ditames processuais. [...] 4. Há debate judicial e doutrinário sobre a natureza da reclamação constitucional. É sabido que o STF delimitou que configura um direito material – petição –, que pode ser previsto em textos constitucionais estaduais sem afrontar a competência legislativa da União (ADI 2212-1-CE, Rel. Min. Ellen Gracie, Tribunal Pleno, julgado em 02.10.2003, publicado no DJ em 14.11.2003, p. 11, Ementário v. 2.132-13, p. 2403).

Um dos principais motivos pelo qual a reclamação não pode ser considerada como incidente processual reside na hipótese da possibilidade de ajuizamento de reclamação contra ato administrativo que contrarie súmula vinculante, por exemplo. Nesse caso, não existe qualquer processo principal de forma a considerá-la como incidente.

Outro argumento contrário é o fato de atualmente existir a previsão de citação do beneficiário da decisão impugnada para apresentar contestação no prazo de 15 dias, sendo novidade do CPC de 2015.

4.1.4 Da reclamação como ação

Para a maior parte da doutrina, a reclamação tem natureza de ação.

Fredie Didier Jr. e Leonardo José Carneiro da Cunha advogam a tese de que a reclamação tem natureza de ação constitucional, amparados nas seguintes razões: a) depende de provocação de uma das partes ou do Ministério Público; b) provoca a cassação ou a avocação dos autos para a observância da competência do tribunal; e c) a exigência de capacidade postulatória, além de a decisão comportar recurso e produzir coisa julgada (DIDIER JÚNIOR; CUNHA, 2009, p. 461 e 462).

Da mesma forma, Sérgio Massaru Takoi, com os seguintes argumentos:

> A reclamação é verdadeira ação constitucional, primeiro porque prevista diretamente na Constituição, nos arts.102, I, l, e 105, I, f, bem como no §3º, do art. 103-A, sendo, nesses dois primeiros, de competência originária e não de competência recursal ou especial do STF ou STJ. Em segundo lugar, por conter todos os elementos que a caracterizam como tal: partes, pedido, causa de pedir, capacidade postulatória, além de sujeitar-se à verificação dos pressupostos processuais, e finalmente por ter decisões que transitam em julgado. (TAKOI, 2013, p. 45)

José da Silva Pacheco ensina:

> Realmente, não é recurso não só porque a ela são indiferentes os pressupostos recursais da sucumbência e da revisibilidade, ou os prazos, mas sobretudo porque não precisa que haja sentença ou decisões nem

---

Todavia, o seu processamento atende aos ditames processuais e, neste outro ângulo, submete-se à lógica atinente ao direito processual. Pedido julgado improcedente. A reclamação processa-se como uma ação, como um Mandado de Segurança, porém pode ser entendido como um remédio constitucional ou mesmo um incidente" (BRASIL, 2011a).

que se pugne pela reforma ou modificação daquelas, bastando que haja interesse em que se corrija eventual desvio de competência. Trata-se, na realidade, de ação, fundada no direito de que a resolução seja pronunciada por autoridade judicial competente; de que a resolução já prestada por quem tinha competência para fazê-lo tenha plena eficácia, sem óbices indevidos; e de que se eliminem os óbices ou se elidam os estorvos que se antepõem, se põem ou se pospõem à plena eficácia das decisões ou à competência para decidir. (PACHECO, 2002, p. 220)

Ao lado dos doutrinadores citados, há outros, tais como Leonardo L. Morato (MORATO, 2007) e Pontes de Miranda (MIRANDA, 1974), que adotam o mesmo entendimento de que a reclamação constitucional tem natureza de ação.

Compartilha-se do entendimento de que a reclamação tem natureza de ação.[21] Em primeiro lugar, como já afirmado por outros autores citados, na reclamação se têm as partes, o pedido, a causa de pedir, a capacidade postulatória, o dever de observância dos demais pressupostos processuais, o contraditório e o trânsito em julgado da sentença. Em segundo lugar, pela exclusão das demais possibilidades de classificação, visto não ser possível enquadrá-la como recurso, como medida administrativa ou como incidente processual, conforme já demonstrado anteriormente.

4.1.5 Da posição do Superior Tribunal de Justiça

O Superior Tribunal de Justiça (STJ), nos autos da Reclamação nº 502-GO, Diário da Justiça (DJ) de 22 de março de 1999, sob a égide do antigo CPC, utilizou-se do argumento de que não havia a formação de uma nova relação jurídico-processual, adotando entendimento de que a reclamação teria natureza de incidente processual.[22]

---

[21] No mesmo sentido é a conclusão contida na dissertação "A Reclamação Constitucional no Direito Processual Brasileiro: Evolução Histórica e Jurídica do seu Conceito", defendida e aprovada no Programa de Mestrado em Direito, da Universidade Federal do Espírito Santo, em 26 de junho de 2015, de autoria de Renata Vitória Oliveira dos Santos Trancoso: "Dessa maneira, vê-se que, mesmo como o advento da Lei nº 13.105/2015, a reclamação manteve o conceito de ação, tão defendido por grande número de ilustres doutrinadores" (TRANCOSO, 2015, p. 332).

[22] "A reclamação é apenas um incidente processual. Não dá ensejo à formação de uma nova relação jurídico-processual, tendo em vista a inexistência de citação do reclamado para se defender. Trata-se de mero incidente, através do qual se busca preservar a autoridade da decisão proferida no processo, bem como a competência da corte superior a quem cabe julgar determinado recurso interposto no processo" (BRASIL, 1999b, p. 35).

No julgamento da Reclamação nº 3.828-SC, o STJ posicionou-se no sentido de que "a reclamação constitui ação constitucional (BRASIL, 2010b),[23] que tem por escopo preservar a competência do STJ ou então garantir a autoridade de suas decisões (art. 105, I, 'f', da CF/88)" (BRASIL, 2009b).[24]

Em oportunidade mais recente, o STJ adotou o entendimento de que a reclamação constitucional seria decorrente do direito de petição (BRASIL, 2014a).[25]

4.1.6 Da posição do Supremo Tribunal Federal

O Supremo Tribunal Federal (STF), em 1991, julgou a Reclamação nº 336-DF, e, na oportunidade, o Ministro Celso de Mello, citando as diversas classificações atribuídas à reclamação, a denominou como instrumento de extração constitucional (BRASIL, 1991).[26]

---

[23] "Processual civil – Reclamação – Garantia da autoridade das decisões do STJ. Cabimento. Procedência. 1. A reclamação constitui ação constitucional que tem por escopo preservar a competência do STJ ou então garantir a autoridade de suas decisões (art. 105, I, "f", da CF/88). 2. A Primeira Seção desta Corte, nos autos do CC 91.587/SC (DJ 23.04.2008), concluiu que o Juízo reclamado detém competência para conhecer da ação ordinária em que a reclamante busca ver reconhecido o direito a receber medicamento de uso continuado, sob o fundamento de que o art. 6º, II, da Lei nº 10.259/01, não veda que outras pessoas políticas possam, em litisconsórcio passivo com a União, ser demandadas no Juizado Federal. 3. O Juízo reclamado entende que o processo em que se questiona o fornecimento de medicamentos deve permanecer suspenso até o trânsito em julgado da decisão proferida pelo STJ nos autos do citado conflito de competência. 4. Negativa de cumprimento à decisão do STJ. Resistência que não encontra guarida na lei adjetiva, eis que a decisão proferida em conflito de competência detém executoriedade imediata, não se sujeitando a recurso com efeito suspensivo. 5. Reclamação julgada procedente" (BRASIL, 2010b).

[24] No mesmo sentido foi o Agravo Regimental (AgRg) na Rcl. nº 3497-RN: "A Reclamação, em razão de sua natureza incidental e excepcional, destina-se à preservação da competência e garantia da autoridade dos julgados somente quando objetivamente violados, não podendo servir como sucedâneo recursal para discutir o teor da decisão hostilizada" (BRASIL, 2009b).

[25] AgRg na Rcl. nº 18108-BA: "Enquanto a reclamação constitucional (art. 105, I, 'f', da CF/1988) decorre do direito de petição e tem por escopo preservar a competência do Superior Tribunal de Justiça ou garantir a autoridade das suas decisões, a presente reclamação visa à adequação do entendimento adotado em acórdãos de Turmas Recursais Estaduais à jurisprudência, súmula ou orientação adotada na sistemática dos recursos repetitivos do STJ, em razão do decidido nos EDcl no RE 571.572-BA (STF, Tribunal Pleno, Rel. Ministra Ellen Gracie, DJe 27.11.2009) e das regras contidas na Resolução nº 12/2009 do STJ" (BRASIL, 2014a).

[26] "Reclamação – Natureza jurídica – Alegado desrespeito a autoridade de decisão emanada do STF – Inocorrência – Improcedência. A reclamação, qualquer que SEJA a qualificação que se lhe dê – Ação [...], recurso ou sucedâneo recursal [...], remédio incomum [...], incidente processual [...], medida de Direito Processual Constitucional [...] ou medida processual de caráter excepcional [...] – configura, modernamente, instrumento de extração constitucional, inobstante a origem pretoriana de sua criação [...], destinado a viabilizar,

Por ocasião do julgamento da ADI nº 2.212-1-CE (BRASIL, 2003b),[27] sendo vencedor o voto condutor da Ministra Ellen Gracie,[28] o STF adotou entendimento de que a reclamação tem natureza jurídica de direito constitucional de petição, previsão contida no art. 5º, XXXIV, da Constituição Federal. Dessa forma, afasta-se da corrente majoritária, que entende que a reclamação tem natureza jurídica de ação. No mesmo julgamento, afirmou-se que o referido instituto não teria natureza de recurso, de ação ou incidente processual.

A questão de fundo se refere à possibilidade ou não de se instituir, em sede de Constituição estadual, a reclamação constitucional com competência originária do Tribunal de Justiça (TJ). No caso específico, tratava-se da Constituição do Estado do Ceará. A inicial da ADIN se ancorava em dois fundamentos: 1º) que a Constituição Federal não autorizou a utilização da reclamação para os demais Tribunais, restringindo-se ao STF e ao STJ; e 2º) que a reclamação tinha natureza processual civil, cuja competência legislativa seria privativa da União, conforme previsto no art. 22, inciso I, da Carta Maior. Houve amplo debate sobre o assunto, que ficou materializado nos votos dos Ministros julgadores.

---

na concretização de sua dupla função de ordem político-jurídica, a preservação da competência e a garantia da autoridade das decisões do Supremo Tribunal Federal (CF, art. 102, I, 'l') e do Superior Tribunal de Justiça (CF, art. 105, I, 'f'). – Não constitui ato ofensivo à autoridade de decisão emanada do Supremo Tribunal Federal o procedimento de magistrado inferior que, motivado pela existência de várias execuções penais ainda em curso, referentes a outras condenações não desconstituídas pelo 'writ', deixa de ordenar a soltura imediata de paciente beneficiado por 'habeas corpus' concedido, em caso diverso e específico, por esta Corte" (BRASIL, 1991).

[27] "Ação Direta de Inconstitucionalidade. Artigo 108, inciso VII, alínea I da Constituição do estado do Ceará e art. 21, inciso VI, letra J do regimento do tribunal de justiça local. Previsão, no âmbito estadual, do instituto da reclamação. Instituto de natureza processual constitucional, situado no âmbito do direito de petição previsto no artigo 5º, inciso XXXIV, alínea 'a' da Constituição Federal. Inexistência de ofensa ao art. 22, inciso I da Carta. 1. A natureza jurídica da reclamação não é a de um recurso, de uma ação e nem de um incidente processual. Situa-se ela no âmbito do direito constitucional de petição previsto no artigo 5º, inciso XXXIV da Constituição Federal. Em consequência, a sua adoção pelo Estado-membro, pela via legislativa local, não implica em invasão da competência privativa da União para legislar sobre direito processual (art. 22, I, da CF). 2. A reclamação constitui instrumento que, aplicado no âmbito dos Estados-membros, tem como objetivo evitar, no caso de ofensa à autoridade de um julgado, o caminho tortuoso e demorado dos recursos previstos na legislação processual, inegavelmente inconvenientes quando já tem a parte uma decisão definitiva. Visa, também, à preservação da competência dos Tribunais de Justiça estaduais, diante de eventual usurpação por parte de Juízo ou outro Tribunal local. 3. A adoção desse instrumento pelos Estados-membros, além de estar em sintonia com o princípio da simetria, está em consonância com o princípio da efetividade das decisões judiciais. 4. Ação direta de inconstitucionalidade improcedente" (BRASIL, 2003b, p. 2403).

[28] Pela improcedência, votaram: Min. Ellen Gracie, Nelson Jobim, Carlos Velloso, Carlos Ayres, Marco Aurélio e Sepúlveda Pertence. Pela procedência, votaram: Maurício Correa, Moreira Alves e Sydney Sanches.

Antes mesmo do julgamento, houve divergência entre as manifestações do Procurador-Geral da República (PGR) e do Advogado Geral da União (AGU).

Para a Procuradoria-Geral da República, o instituto da reclamação teria natureza processual, razão pela qual somente poderia ser objeto de disciplina por lei federal (art. 22, Inciso I, da CF), e opinado pela procedência do pedido de inconstitucionalidade formulado na Adin.

Para a Advocacia-Geral da União, "o instituto da reclamação constitui inexorável decorrência da eficácia geral e do efeito vinculante do controle abstrato de normas deferido pela Constituição Federal aos Tribunais de Justiça, situando no direito constitucional". A AGU aduziu, ainda, que "a existência, no âmbito estadual, de mecanismos de defesa da Constituição local constitui pressuposto básico para a existência de uma jurisdição constitucional estadual" (BRASIL, 2003b, p. 2406). Opinou por uma interpretação conforme, por meio de redução teleológica, para o fim de admitir a reclamação para preservar a autoridade das decisões proferidas no controle abstrato de normas perante as Cortes Estaduais.

O Ministro Maurício Correa inaugurou a divergência, votando pela procedência do pedido, sob o argumento de que a reclamação "[...] possui nítido conteúdo processual, sendo matéria de competência da União" (BRASIL, 2003b, p. 2421). Afirmou também que, em sede de reclamação, se um Tribunal de Justiça julgasse que sua competência estivesse sendo usurpada por outro tribunal ou juiz, ou descumprindo suas decisões, isso poderia ter como efeito um "[...] grave risco de ruptura do equilíbrio das instituições judiciárias" (BRASIL, 2003b, p. 2424).

O Ministro Moreira Alves foi enfático ao considerar que se tratava de instituto de natureza processual, travando caloroso debate com o Ministro Nelson Jobim. Por maioria de votos, mais precisamente 6 (seis) votos a 3 (três), o pedido de inconstitucionalidade foi julgado improcedente, adotando-se a tese de que a reclamação não teria natureza processual, mas sim direito constitucional de petição, previsto no art. 5º, inciso XXXIV, da Constituição Federal (CF), e dessa forma não ofenderia o seu art. 22, inciso I. No mesmo julgado, reconheceu que a reclamação serviria para preservar a competência dos tribunais estaduais e que estaria em sintonia com o Princípio da Simetria e em consonância com o Princípio da Efetividade das Decisões Judiciais (BRASIL, 2003b).

Outrossim, o entendimento de que a reclamação constitucional tem natureza de direito constitucional de petição, a nosso ver, não afasta a sua natureza de ação, pois são critérios distintos de classificação no que tange à natureza jurídica do instituto.

Na oportunidade de resposta à Reclamação Rcl.-AgR nº 872-SP, no Supremo Tribunal Federal (STF), no ano de 2005, o pleno posicionou-se no sentido de que a reclamação teria natureza administrativa,[29] mais especificamente de remédio processual correcional, de função corregedora.

Em 2008, no julgamento do Recurso Extraordinário nº 405.031-AL,[30] o Pleno do STF, por maioria, entendeu pela inconstitucionalidade dos artigos 190 a 194 do Regimento Interno do Tribunal Superior do Trabalho (TST), sob o fundamento de que não seria possível criar reclamação por meio de regimento interno sem que houvesse lei no sentido formal e material (BRASIL, 2009c).

4.2 A natureza jurídica diante das novas disposições previstas no CPC de 2015

De início, deve ser ressaltado que a natureza jurídica da reclamação constitucional foi abordada no presente capítulo com base na legislação antes da entrada em vigor no novo CPC, incluindo-se os julgados dos tribunais.

O NCPC passou a disciplinar a reclamação, com maior explicitação do procedimento, se comparada à legislação que o precedeu.

Pelas características da reclamação constitucional prevista na Lei nº 13.105/2015 (NCPC), entende-se que a sua natureza jurídica se aproxima mais da natureza de ação de procedimento especial, sendo muito semelhante ao rito do mandado de segurança (MS). Se a maior parte da doutrina já se inclinava para considerar a reclamação como natureza de ação, com muito mais razão será com a vigência do CPC de 2015.

Conforme se observa no novo Código de Processo Civil, a reclamação deve ser proposta no tribunal, sendo instruída com prova documental. Nessa oportunidade, o relator requisitará informações da autoridade a quem for imputada a prática do ato e, se for o caso,

---

[29] "A reclamação tem natureza de remédio processual correcional, de função corregedora" (BRASIL, 2005).

[30] "Reclamação – Regência – Regimento Interno – Impropriedade. A criação de instrumento processual mediante regimento interno discrepa da Constituição Federal. Considerações sobre a matéria e do atropelo da dinâmica e organicidade próprias ao Direito" (BRASIL, 2009c).

ordenará a suspensão do processo ou do ato impugnado e determinará a citação do beneficiário da decisão no prazo de 15 dias para apresentação de contestação. No caso de procedência, o tribunal cassará a decisão exorbitante de seu julgado ou determinará medida adequada à solução da controvérsia.

Conforme já dito anteriormente, as classificações utilizadas pelo Supremo Tribunal Federal (STF), quais sejam, direito constitucional de petição, instrumento jurídico processual e instrumento de extração constitucional, são conceitos mais abrangentes que não afastam a natureza jurídica de ação, sendo esta a mais aceita pela doutrina brasileira e a que melhor se adapta ao referido instituto.

Diante da redação dos novos dispositivos legais do Código de Processo Civil que passaram a disciplinar a reclamação, houve uma aproximação maior da reclamação constitucional com a natureza jurídica de ação.

Observa-se a evolução do instituto, desde o seu surgimento na Jurisprudência do Supremo Tribunal Federal, influenciando diretamente sobre a sua natureza jurídica. Com o seu surgimento no ano de 1957, sem qualquer previsão legal, certamente o mais provável seria classificá-la como medida administrativa.

Posteriormente, o STF afastou a natureza de ação da reclamação de forma a evitar considerá-la inconstitucional,[31] visto que, se fosse considerada ação, automaticamente atrairia o vício de inconstitucionalidade, posto que a competência para legislar sobre direito processual seria privativa da União Federal.

Com a previsão da reclamação na Lei nº 13.105/2015 (novo CPC), que é federal, a discussão sobre a inconstitucionalidade por ausência de lei federal, a nosso ver, fica ultrapassada, visto que as novas disposições legais preveem a reclamação nos Tribunais, sem restringi-las ao STF e ao STJ. Na realidade, a reclamação passou a ser prevista para outros tribunais de forma expressa no §1º do art. 988 (BRASIL, 2015a).

Pedro Miranda de Oliveira, na obra *Comentários ao Código de Processo Civil*, de 2015, escreveu:

> A reclamação é ação. 'Tal entendimento justifica-se pelo fato de, por meio da reclamação, ser possível a provocação da jurisdição e a formulação de pedido de tutela jurisdicional, além de conter em seu bojo uma lide

---

[31] O Min. Nelson Jobim, no julgamento da ADIn nº 2212-1/CE, reconheceu a natureza processual da reclamação no seu voto, mas afirmou que seria uma exceção ao art. 22, I, da CF, com a veemente discordância do Min. Moreira Alves.

a ser resolvida, decorrente do conflito entre aqueles que persistem na invasão de competência ou no desrespeito das decisões do Tribunal e, por outro lado, aqueles que pretendem ver preservada a competência e a eficácia das decisões da Corte' (MENDES, 2009, p. 96).

Além disso, constitui um novo processo e tem uma nova questão dita principal, pois não se analisa, na reclamação, a lide discutida no processo subjacente, mas apenas a observância da orientação estampada em decisão anterior do tribunal. Ataca, portanto, atos que não poderiam ter sido realizados porque a matéria já estava decidida pelo tribunal superior ou porque a competência para o ato não era do órgão que o proferiu.

Diz-se que os meios de impugnação das decisões judiciais podem ser divididos em três classes: (a) recursos; (b) sucedâneos recursais; e (c) ações impugnativas autônomas. Dentro dessa classificação, a reclamação compõe o terceiro grupo, tal como a ação rescisória, a ação anulatória, a *querela nullitatis* e o mandado de segurança.

A finalidade, ao contrário dos recursos e dos sucedâneos recursais, não é impugnar a decisão como o fim de anulá-la ou reformá-la, mas apenas fazer com que seja cumprida decisão do tribunal em determinado caso concreto ou, mesmo, apenas preservar a sua competência.

Na verdade, a reclamação tem natureza jurídica de *ação de conhecimento originária dos tribunais.* (OLIVEIRA, 2015, p. 1455)

Diante da nova realidade, os Tribunais Estaduais e os Federais deverão disciplinar a reclamação em seus regimentos internos sem o risco de questionamento sobre a inconstitucionalidade da norma por vício de iniciativa em razão da ausência de lei de âmbito federal (art. 22, I, da CF/88).

CAPÍTULO 5

HIPÓTESES DE CABIMENTO DA RECLAMAÇÃO

Conforme já exposto no capítulo que trata da origem e evolução da reclamação constitucional no direito brasileiro, o instituto surgiu na jurisprudência do Supremo Tribunal Federal (STF), em 1952, com o fundamento da Teoria dos Poderes Implícitos do direito norte-americano.

Assim, a reclamação tinha o objetivo de preservar a competência e garantir a autoridade das decisões do STF. Com o passar o tempo, e após a vigência da Constituição Federal de 1988, estendeu-se a sua aplicação ao Superior Tribunal de Justiça (STJ), com as mesmas finalidades. A própria Lei nº 8.038/90, agora revogada, regulamentava a reclamação perante os Tribunais Superiores.

Leonardo L. Morato trata do assunto com a absoluta clareza, valendo expor a sua transcrição:

> No entanto, a Constituição vigente é expressa quanto à previsão de ser a reclamação direcionada apenas e tão-somente ao Supremo Tribunal Federal e ao Superior Tribunal de Justiça. e a Lei federal nº 8.038/90, que também versa sobre a reclamação, também menciona o cabimento apenas ao STF e ao STJ. A decorrência disso, ao que parece, é que as outras reclamações somente podem ser criadas, de regra, por meio de lei federal. (MORATO, 2007, p. 71)

Todavia, os demais tribunais passaram a prever o instituto da reclamação em seus regimentos internos, gerando controvérsias sobre essa possibilidade.[32] O principal argumento contrário seria de que, em se tratando a reclamação de instituto de natureza processual, a competência para legislar sobre essa matéria, na forma prevista no art. 22, I, da CF, seria privativa da União Federal.

Destaque-se que a jurisprudência, tanto no Tribunal Superior do Trabalho (TST) como no Tribunal Superior Eleitoral (TSE), evidencia o sentido de que seria constitucional a previsão de reclamação em seus regimentos internos, conforme entendimentos adotados na Rcl. nº 10.8997, de 28 de setembro de 1994, e Rcl. nº 14.150, de 23 de agosto de 1994, respectivamente.

A discussão sobre a possibilidade ou não de instituição da reclamação no Regimento Interno do TST[33] e do TSE não chegou a ser enfrentada pelo STF.

Nery Júnior e Nery, nos *Comentários ao Código de Processo Civil*, afirmam:

> No regime anterior ao atual CPC, a reclamação também era possível no TSE, em razão de construção baseada no poder normativo daquele Tribunal (previsto no CodEl 121, com autorização constitucional). Igualmente para o STM era possível apresentar reclamação por força da Lei 8.457/92 (esse tribunal também tem competência para se organizar admitido pela CF). Para Tribunais Estaduais, a reclamação só era admissível se houvesse previsão na respectiva Constituição Estadual (segundo entendimento do STF firmado no julgamento da ADIn 2212-1-CE). (NERY JÚNIOR; NERY, 2015, p. 1979)

Na justiça militar há previsão no Código de Processo Penal Militar (Decreto-Lei nº 1.002/69), em seu art. 584.[34]

Diante da nova realidade trazida com o CPC de 2015, todos os tribunais, incluindo os tribunais estaduais e os federais, deverão instituir

---

[32] O Regimento Interno do Tribunal de Justiça do Estado do Espírito Santo (TJES) – Resolução nº 01/99, atualizado até março de 2013, não prevê a Reclamação (ESPÍRITO SANTO, 2013). O Regimento Interno do Tribunal Regional Eleitoral do Estado do Espírito Santo (TRE-ES) – Resolução nº 205/2003 – prevê a reclamação em seu art. 25, §3º, inciso XV: "A Reclamação (Rcl) é cabível para preservar a competência do Tribunal ou garantir a autoridade das suas decisões, e nas hipóteses previstas na legislação eleitoral e nas instruções expedidas pelo Tribunal" (ESPÍRITO SANTO, 2003, p. 13).

[33] O Tribunal Superior do Trabalho (TST), por meio da Resolução nº 203, de 15 de março de 2016, aprovou a Instrução Normativa nº 39/2016, dispondo sobre a aplicação do nCPC ao processo do trabalho, constando expressamente no art. 3º, inciso XXVII, a reclamação dos arts. 988 a 993, como norma aplicável (BRASIL, 2016b).

[34] Código Penal Militar: "Art. 584. O Superior Tribunal Militar poderá admitir reclamação do procurador-geral ou da defesa, a fim de preservar a integridade de sua competência ou assegurar a autoridade do seu julgado" (BRASIL, 1969b).

a reclamação em seus regimentos internos sem o risco de questionamento sobre a inconstitucionalidade da norma por vício de iniciativa pela ausência de lei de âmbito federal[35] (art. 22, I, da CF/88).

Até a vigência da Lei nº 13.105/2015 (nCPC), grande parte da doutrina, quando abordava as situações de cabimento da reclamação, tratava apenas das hipóteses de garantia à observância e usurpação de competência com relação ao STF e ao STJ. Atualmente, com a vigência do novo CPC, há necessidade de também falar das situações que ocorrerão nos demais tribunais.

A segunda observação, apesar de óbvia, é que, por se tratar de hipótese de preservação de competência, pressupõe-se a existência de jurisdição.[36]

Luiz Guilherme Marinoni, na obra *Manual do Processo de Conhecimento*, ensina:

> No Brasil, a Constituição Federal define as várias 'justiças', ou seja, os grupos de órgãos que têm competência para tratar de determinados grupos de litígios. Fala-se, assim, nas 'justiças' trabalhista (art. 111 e ss.), eleitoral (art. 118 e ss.), militar (art. 122 e ss.), e nas 'justiças' federal (art. 106 e ss.) e estadual (art. 125 e ss.). O que não é da competência das 'justiças' trabalhista, eleitoral e militar, é da competência, por exclusão, da 'justiça comum'. Dentro da chamada 'justiça comum', também por um critério de exclusão, o que não for da competência da 'justiça' federal (arts. 108 e 109) é da competência da 'justiça' estadual. (MARINONI, 2001, p. 32)

Deve ser ressaltado que a Emenda Constitucional nº 45/2004 (BRASIL, 2004a) transferiu para a competência da Justiça do Trabalho as ações oriundas da relação de trabalho, ações sobre representação sindical, entre sindicatos e trabalhadores, e entre sindicatos e

---

[35] Nelson Nery Júnior: "Com a instituição da reclamação no CPC – a regulamentação básica de direito processual civil –, fica a dúvida sobre o cabimento da reclamação para todos os Tribunais do País, independentemente da previsão constitucional. Todavia, considerando que a competência para legislar sobre processo civil é, primordialmente, do Poder Executivo Federal (CF 22, I), uma vez que existe lei federal prevendo o instituto, não faz sentido que os institutos previstos regimentalmente devam prevalecer sobre a regulamentação do CPC. Note que o CPC 988 fala genericamente em 'tribunal', não discriminando um ou outro órgão, mas dando a entender que em todos os tribunais, dentro das condições delineadas por esse artigo, é possível a reclamação" (NERY JÚNIOR; NERY, 2015, p. 1979).

[36] Nelson Nery Júnior explica que "o conflito de competência só existe entre órgãos jurisdicionais. Eventual conflito que possa existir entre estes e órgãos administrativos ou legislativos, ou entre estes últimos entre si, denomina-se conflito de atribuições" (NERY JÚNIOR; NERY, 2015, p. 1979).

empregadores, ações de indenização por dano moral, e outras ações (artigo 114 da CF) (BRASIL, 1988). Com a edição da Lei nº 13.105/2015, que instituiu o novo Código de Processo Civil brasileiro, e tratando-se de uma lei federal, a divergência que ora se instalou nos tribunais perdeu a razão de ser. Com a nova redação, materializada no art. 988 do novo CPC e seus quatro incisos, passou-se a ter a finalidade de preservar a competência do tribunal e garantir a autoridade das suas decisões. Com isso, a lei ampliou a aplicação da reclamação para outros tribunais, deixando de restringi-la ao STF e ao STJ.[37] Para não deixar margem a dúvidas, o §1º do artigo 988 prevê que a reclamação pode ser proposta perante qualquer tribunal, e seu julgamento compete ao órgão jurisdicional cuja competência se busca preservar ou cuja autoridade se pretenda garantir.

Verifica-se, assim, que o novo Código de Processo Civil foi mais abrangente e detalhista ao regulamentar a reclamação constitucional. Na Constituição e na revogada Lei nº 8.038/90, havia duas hipóteses, quais sejam, preservação da competência do STF (art. 102, "l") e do STJ (art. 105, "f") e garantia da autoridade de suas decisões (STF e STJ). O novo CPC prevê a reclamação para preservar a competência dos tribunais, no inciso I do art. 988; como instrumento para garantir a autoridade das decisões dos tribunais no inciso II. No inciso III, ficou especificado o seu cabimento para garantir a observância de decisão do STF em controle concentrado de constitucionalidade e garantir a observância de enunciado de súmula vinculante. No inciso IV, garantir a observância de acórdão proferido em julgamento de incidente de resolução de demandas repetitivas ou de incidente de assunção de competência.[38]

Essa inovação é importante, pois até a edição do novo Código de Processo Civil, as reclamações previstas nos regimentos dos Tribunais Estaduais eram amparadas por entendimento jurisprudencial do STF, mas o tema ainda gerava controvérsias, especialmente na doutrina.

---

[37] "Na Constituição Federal e na Lei nº 8.038/1990, a reclamação é prevista apenas perante os Tribunais Superiores (Supremo Tribunal Federal e Superior Tribunal de Justiça). O Código de Processo Civil, por sua vez, permite que a reclamação seja proposta em qualquer tribunal. Dessa forma, fica expressamente consignada a possibilidade de ajuizamento perante os tribunais inferiores (estaduais e regionais federais), o que era discutível no regime anterior" (OLIVEIRA, 2015, p. 1461-1462).

[38] "O Código de Processo Civil seguiu a trilha da jurisprudência, ampliando o cabimento da reclamação, admitindo-a em hipóteses que, historicamente, não seriam admitidas. A lista de hipóteses de cabimento foi remodelada e significativamente dilatada. Ainda assim, tem-se que o rol taxativo de hipótese de cabimento deve ser interpretado restritivamente, não podendo ter ampliado seu objeto, pois se trata de medida excepcional (ação típica, de fundamentação vinculada)" (OLIVEIRA, 2015, p. 1456).

CAPÍTULO 5
HIPÓTESES DE CABIMENTO DA RECLAMAÇÃO | 63

A seguir, as hipóteses de cabimento serão devidamente abordadas em separado.

5.1 Preservação da competência do tribunal – Art. 988, inciso I, do CPC/2015

O inciso I prevê, como primeira hipótese de cabimento da reclamação, a preservação da competência do tribunal. De acordo com Leonardo L. Morato, na obra *Reclamação Constitucional*,

> Usurpar competência significa agir como se estivesse autorizado a exercer a jurisdição para processar ou decidir determinada causa, atuar no lugar da autoridade competente, invadindo a esfera de atuação pertencente a esta, infringir as normas de competência [...]. (MORATO, 2015, p. 275)

A primeira observação que se faz é que esse inciso amplia a aplicação da reclamação a todos os tribunais, reforçado pela previsão expressa do §1º do art. 988. Conforme já dito anteriormente, houve enorme debate na doutrina e na jurisprudência sobre a possibilidade de se instituir a reclamação constitucional no âmbito dos tribunais sem que houvesse lei federal que a amparasse.

No julgamento da Adin 2.212-1-CE, houve dissenso nas posições dos Ministros quanto à natureza jurídica da reclamação, pois, em face da natureza processual, torna-se privativa da União Federal a competência legislativa. O Min. Nelson Jobim chegou a reconhecer a natureza processual da reclamação, mas propôs que a previsão nas Constituições Estaduais fosse considerada uma exceção ao art. 22, inciso I, da Constituição, o que foi prontamente rechaçado pelo Min. Moreira Alves.[39]

Com a atual redação do §1º do art. 988 do CPC[40] de 2015 (BRASIL, 2015a), a discussão sobre a inconstitucionalidade por ausência de lei federal torna-se totalmente superada, visto que as novas disposições

---

[39] Min. Moreira Alves: "A Constituição estadual pode estabelecer a competência dos tribunais, competência essa que sempre se entendeu como dizendo respeito à divisão de matérias entre Tribunais de Justiça e Tribunais de Alçada, e não à criação de recurso ou de ações de qualquer natureza, porque, no tocante à reclamação, o Supremo já definiu como sendo uma ação" (BRASIL, 2003b, p. 2414-2415).

[40] Art. 988, §1º: "A reclamação pode ser proposta perante qualquer tribunal, e seu julgamento compete ao órgão jurisdicional cuja competência se busca preservar ou cuja autoridade se pretenda garantir" (BRASIL, 2015a).

legais preveem a reclamação nos tribunais, sem restringi-las ao STF e ao STJ. Ao contrário, o seu cabimento em qualquer tribunal é expressamente declarado. Há ainda a competência para julgamento de recursos, como, p. ex., o art. 102, II, da CF. Dessa forma, o STF, por exemplo, é o tribunal competente para julgar, mediante recurso ordinário, o crime político (art. 102, II, "b", da CF) (BRASIL, 1988).

Deve ser ressaltado que o novo Código de Processo Civil alterou a sistemática de admissibilidade recursal no juízo de primeiro grau, deixando de adotar o sistema bipartido,[41] contribuindo para que prevaleça o Princípio da Primazia do Mérito Recursal. Conforme o disposto no art. 1.010, §3º, do nCPC, após a intimação para contrarrazões e decorrido o prazo, os autos serão remetidos ao tribunal pelo juiz, independentemente de juízo de admissibilidade (BRASIL, 2016a).

Sendo assim, caso o recurso de apelação seja inadmitido pelo juízo de primeiro grau, caberá reclamação ao tribunal competente para conhecer do recurso.[42] Dessa forma, caberá reclamação para preservar a competência dos tribunais, seja em decorrência da competência originária, seja em razão da competência recursal.

No que tange à competência originária, destaca-se a restrição do cabimento às hipóteses de competência em razão da matéria e da função, pois estas são normas cogentes, regidas pelo interesse público.[43]

Certamente, em alguns casos a reclamação poderá ensejar conflito de competência[44] entre tribunais, como, por exemplo, uma causa que esteja tramitando em um Tribunal de Justiça Estadual, mas que

---

[41] Com as modificações introduzidas pela Lei nº 13.256/16, manteve-se o juízo de admissibilidade para os recursos destinados aos Tribunais Superiores, conforme nova redação do art. 1.030 do nCPC (BRASIL, 2016a).

[42] Enunciado nº 99, do VI Encontro do Fórum Permanente de Processualistas Civis (FPPC): "O órgão a *quo* não fará juízo de admissibilidade da apelação"; Enunciado 207, do FPPC: "Cabe reclamação, por usurpação da competência do tribunal de justiça ou tribunal regional federal, contra a decisão de juiz de 1º grau que inadmitir recurso de apelação"; Enunciado nº 362, do FPPC: "O recurso extraordinário interposto contra acórdão proferido pela Turma Recursal será remetido ao Supremo Tribunal Federal, independentemente de juízo de admissibilidade" (ENUNCIADOS..., 2015, p. 22, 34, e 52).

[43] "Dentre os critérios para se descobrir a competência, destacam-se aqueles regidos pelo interesse público, verdadeiras normas cogentes (princípio inquisitorial), daqueles outros regidos pelo interesse privado das partes, que são informados pelo princípio dispositivo. Assim, por um lado, exemplo desta última são a competência em razão do território e do valor da causa, por expressa determinação do CPC (art. 111). De outro lado, são critérios regidos pelo interesse público, v. g., a competência ditada em razão da matéria e da função" (RODRIGUES, 2010, 49).

[44] Art. 66, c/ art. 951 do CPC (BRASIL, 2015a).

apresente a discussão sobre questão de fundo eleitoral. Seria o Tribunal Regional Eleitoral (TRE) competente para receber uma reclamação questionando a competência do Tribunal de Justiça (TJ), e decidi-la, quando não existe hierarquia entre as referidas Cortes? É muito provável o conflito de competências entre tribunais da mesma hierarquia.

Quando se estabelece a preservação de competência, significa assegurar que tenha prevalência a decisão proferida pelo tribunal competente, aquele que possui a atribuição legal ou constitucional para decidir determinada matéria. Todavia, certamente existirão situações não muito claras e caberá ao tribunal competente para receber a reclamação o seu julgamento. No caso de haver discordância com relação à decisão, caberá ao STF dar a decisão final mediante julgamento de recurso ou mesmo instauração de conflito de competência de ofício.

5.2 Garantia da autoridade das decisões jurisdicionais do tribunal – Art. 988, II, do CPC de 2015

Na hipótese de garantia de autoridade das decisões dos tribunais, pressupõe-se a existência de descumprimento do comando judicial emanado de um tribunal. Leonardo L. Morato utiliza-se da expressão "desacato" como termo genérico para configurar hipóteses de cabimento quando se fala em "garantia das autoridades das decisões":

> Desacatar um julgado é o mesmo que o descumprir, que contrariar, ou que lhe negar vigência, em seu todo ou em parte. Trata-se de uma afronta, de uma transgressão da autoridade da Corte, após ter esta externado a sua decisão. No caso de o Supremo Tribunal Federal ou o Superior Tribunal de Justiça terem decidido de um determinado modo, declarando, constituindo, condenando, ordenando etc. ..., ou para que haja uma certa interpretação, ou para que sejam obedecidos certos parâmetros, não podem os outros órgãos emitir um ato conflitante ou contraditório como o que aquelas Cortes hajam emitido, nem executar de modo diverso, nem interpretar diferentemente do que foi fixado anteriormente etc., sob pena de viabilizarem o cabimento da reclamatória, a fim de se garantir o cumprimento e a autoridade das referidas decisões. (MORATO, 2007, p. 137 e 138)

A expressão "garantia das autoridades das decisões" tem conotação subjetiva e compreende infinitas situações que certamente serão "moldadas" pela jurisprudência. Melhor seria se o texto legal definisse ao menos algumas situações que caracterizassem a falta de garantia de autoridade.

Observa-se que o artigo 927 do CPC elenca as hipóteses em que os juízes e tribunais deverão observar, prevendo, dentre as quais, os enunciados de súmulas do Supremo Tribunal Federal em matéria constitucional e do Superior Tribunal de Justiça em matéria infraconstitucional. Outrossim, o artigo 988, que prevê as hipóteses de cabimento da reclamação, não as contemplou, ou seja, não previu se será cabível a reclamação para garantir a observância de súmula não vinculante.

Antes da vigência do nCPC, o Supremo Tribunal Federal (STF) tinha posição consolidada sobre a impossibilidade de ajuizamento de reclamação para garantir a observância de súmula não vinculante. Nos autos da Rcl. nº 11.235-DF, o Ministro Carlos Ayres Britto negou seguimento à mesma sob o argumento de que não cabe reclamação tendo como base súmula sem efeito vinculante. Em sua fundamentação, o Ministro afirmou que as reclamações só podem ser utilizadas se as decisões proferidas forem baseadas em súmulas vinculantes (BRASIL, 2011b).

Nos autos da Rcl. nº 19.515-SC, o Ministro Ricardo Lewandowski indeferiu pedido de liminar com o objetivo de suspender a decisão da Justiça Federal que negou a uma empresa a liberação de mercadorias importadas sem o depósito prévio dos valores em favor do Fisco. Na decisão monocrática que julgou, sob relatoria do Min. Gilmar Mendes, atestou-se que não é cabível reclamação por descumprimento de súmula do Supremo sem efeito vinculante (BRASIL, 2015c). No voto que julgou a referida reclamação, fez-se referência a outro julgado do STF, mais especificamente no Agravo Regimental na Rcl. nº 6.078. Afirmou-se, nesse julgado, que, se o precedente tido por violado foi tomado em julgamento de alcance subjetivo, como se dá no controle difuso e incidental de constitucionalidade, somente são legitimadas no manejo da reclamação as partes que compuseram a relação processual do aresto (BRASIL, 2010c).

Hermes Zaneti, na obra *O Valor Vinculante dos Precedentes*, propõe um modelo de classificação dos precedentes judiciais. Pela proposta do autor, os precedentes seriam classificados em precedentes normativos vinculantes, precedentes normativos formalmente vinculantes e os precedentes normativos formalmente vinculantes fortes (ZANETI JÚNIOR, 2016).

Os precedentes normativos vinculantes possibilitariam a impugnação autônoma apenas nos ordenamentos jurídicos que culturalmente atingiram elevado grau de maturidade institucional, sendo que seria admitida a via recursal para observar que o precedente fosse seguido (ZANETI JÚNIOR, 2016).

Os precedentes normativos formalmente vinculantes são aqueles em que a vinculatividade é compreendida a partir do ônus argumentativo previsto em lei, o qual reforça a presunção a favor do precedente através da obrigatoriedade legal de seguir os próprios precedentes (vinculação horizontal) e os precedentes hierarquicamente superiores (vinculação vertical), que seriam impugnáveis, também pela via recursal. Como exemplo, citam-se os enunciados de súmula do STF e do STJ, previstos no art. 927, inciso IV, do nCPC (ZANETI JÚNIOR, 2016).

Os precedentes normativos formalmente vinculantes fortes seriam aqueles em que a vinculatividade é compreendida a partir do ônus argumentativo previsto em lei, o qual reforça a presunção a favor do precedente através da obrigatoriedade legal de seguir os próprios precedentes, sendo que seriam impugnáveis via recursal e por via autônoma diretamente nos tribunais superiores.

Como exemplos, pode-se citar as súmulas vinculantes, decisão do STF em controle concentrado de constitucionalidade e os acórdãos proferidos em julgamento de Incidentes de Resolução de Demandas Repetitivas (IRDR) ou em Incidente de Assunção de Competência (IAC).

Dito isso, acredita-se que as hipóteses de cabimento de reclamação para garantia da autoridade do julgado serão aquelas que tiverem como objetivo o cumprimento da decisão por uma das partes que figuram no processo onde foi proferida a decisão que se pretenda cumprir.

Antes da vigência do novo código, a posição tradicional do Supremo Tribunal Federal (STF) era justamente esta, ou seja, de somente aceitar reclamação pela parte do processo de onde se originou a decisão a ser cumprida.

Todavia, certamente a manutenção desse entendimento somente será verificada após o enfrentamento da questão em novos casos concretos, ou seja, posteriores à vigência do CPC de 2015.

5.2.1 Não cabimento de reclamação contra decisão do mesmo órgão

O STF já decidiu que o cabimento da reclamação somente é possível com relação às decisões proferidas por outros órgãos, excluindo-se, assim, as decisões monocráticas dos ministros ou das turmas. Entende-se que, com a ampliação da reclamação para outros tribunais, o mesmo entendimento deve ser mantido.[45]

---

[45] Vários julgados do STF nesse sentido: Rcl. nº 3.916-AP AgR (BRASIL, 2006c); Rcl. nº 8.301-DF AgR (BRASIL, 2009d); Rcl. nº 2.969-AgR (BRASIL, 2010d).

5.3 Garantir a observância de enunciado de súmula vinculante – Art. 988, III, do CPC de 2015

O instituto processual da reclamação constitucional já era previsto no ordenamento jurídico e tinha as funções de resguardar a competência e garantir a autoridade das decisões do Supremo Tribunal Federal (STF), conforme art. 102, I, "I", e art. 105, I, "f", da Constituição Federal (CF).

Após a Emenda Constitucional nº 45/2004, que instituiu as súmulas vinculantes, a reclamação passou a ter a função adicional de preservar a autoridade das mesmas. Assim, adquiriu maior importância, pois admitiu-se o ajuizamento da reclamação quando houver desobediência às súmulas vinculantes, conforme previsto no §3º do art. 103-A da Constituição Federal.

A Reclamação é uma medida jurisdicional, porquanto dependente de provocação das partes ou do Ministério Público, exigindo capacidade postulatória, originando decisão que poderá vir a produzir coisa julgada, possibilitando a interposição de recursos, entre outros motivos.

Assim, a ação de Reclamação Constitucional, além da sua atribuição originária, passou a ter maior amplitude, visto que houve acréscimo nas hipóteses de seu cabimento, bem como a possibilidade de ser proposta em qualquer tribunal.

Vale destacar que o STF possui entendimento sedimentado de que não cabe reclamação por ofensa à súmula vinculante editada após a decisão impugnada (BRASIL, 2010e). Em outras palavras, significa dizer que a decisão impugnada deve ser proferida após a edição da súmula vinculante para fins de observância por meio de reclamação constitucional.

Com o novo Código de Processo Civil (CPC), previu-se, também, a reclamação para garantir a observância de acórdão proferido em julgamento de incidente de resolução de demandas repetitivas e nos incidentes de assunção de competência.

Pedro Miranda de Oliveira ensina que:

> Diante da imposição de um sistema de precedentes previsto no CPC/2015, a reclamação passa a assumir o papel de garantidor da observância de acórdão ou precedente proferido em julgamento de casos repetitivos ou em incidente de assunção de competência, sendo cabível de ato de que deixe de aplicar ou aplique equivocadamente o referido julgado. (OLIVEIRA, 2015, p. 1460)

Dessa forma, é possível afirmar que a reclamação constitucional passou a ter ainda maior relevância no ordenamento jurídico, diante da explicitação das hipóteses de cabimento, assim como da ampliação do seu cabimento a novas situações, bem como a todos os tribunais. Questão interessante é saber se a reclamação pode ser ajuizada para garantir a observância de precedente formado antes da vigência do CPC de 2015.

Entendemos que sim, tendo em vista que a reclamação tem por objetivo assegurar o cumprimento dos precedentes como forma de dar maior estabilidade ao sistema e proporcionar maior segurança jurídica, salvo se o precedente for incompatível com os preceitos previstos no novo Código. O não cabimento da reclamação para a hipótese aqui tratada significa abandonar todos os precedentes existentes no atual sistema jurídico brasileiro.

5.3.1 Precedentes

De acordo com Fredie Didier Júnior, na obra *Curso de Direito Processual Civil*, "precedente é a decisão judicial tomada à luz de um caso concreto, cujo núcleo essencial pode servir como diretriz para o julgamento posterior de casos análogos" (DIDIER JÚNIOR; BRAGA; OLIVEIRA, 2013).

Hermes Zaneti Júnior, ao tecer as suas considerações sobre o art. 926, nos *Comentários ao Novo Código de Processo Civil*, aborda a mudança de paradigma por conta dos sistemas de precedentes:

> A mudança de paradigma consiste em abandonar o caráter meramente persuasivo da jurisprudência anterior (precedentes persuasivos) para assumir o papel normativo dos precedentes atuais (precedentes vinculantes). A finalidade desta mudança está em assegurar racionalidade ao direito e, ao mesmo tempo, reduzir a discricionariedade judicial e o ativismo judicial. Os princípios da igualdade e segurança jurídica, normalmente elencados para justificar a teoria dos precedentes, são consequências colaterais do atendimento da racionalidade e universalidade das decisões. [...] A universalização é mais ampla que a igualdade, pois, além de incluir a premissa da igualdade, exige que os juízos dos casos futuros tenham, a partir da adoção de um pesado ônus argumentativo decorrentes da regra da universalização, o dever (normativo) de seguir os precedentes de forma adequada, afastando a presunção a favor do precedente, quando o caso deve ser julgado de forma diferente (ônus argumentativo e pretensão de correção). (ZANETI JÚNIOR, 2015, p. 1701)

O *stare decisis*, no *common law*, é o sistema de precedente de observância obrigatória pelos órgãos de grau inferior. Conforme afirma Elpídio Donizetti:

> No Brasil, podemos dizer que vige o *stare decisis*, pois, além de o Superior Tribunal de Justiça e o Supremo Tribunal Federal terem o poder de criar a norma (teoria constitutiva, criadora do direito), os juízos inferiores também têm o dever de aplicar o precedente criado por essas Cortes (teoria declaratória). (DONIZETTI, 2015, p. 8)

Ressalte-se, por extrema relevância, que o precedente é formado pelos fundamentos da decisão (*ratio decidendi*), sendo que esses fundamentos poderão ser invocados em julgamentos futuros. Os argumentos considerados assessórios (*obter dictum*) não têm força vinculante. Dessa forma, para se utilizar o precedente, deve ser observado o caso concreto, verificando-se a possibilidade de se utilizar a decisão paradigma.

Denomina-se *distinguishing* o método de confronto se o caso em julgamento pode ou não ser utilizado para fins de aplicação do julgado paradigma. O *Overruling*, por sua vez, consiste na revogação do entendimento constante do paradigma em razão da modificação de valores sociais e dos conceitos jurídicos, ou mesmo em razão de novas tecnologias.

O Novo Código de Processo Civil (CPC) adotou diversos mecanismos baseados nos precedentes judiciais (*stare decisis*) do *common law*, visando proporcionar maior agilidade aos julgamentos, bem como assegurar maior segurança jurídica.

5.3.2 Súmulas vinculantes

Atribui-se a criação das súmulas[46] de jurisprudência à sugestão do Ministro do STF, Victor Nunes Leal. A previsão foi incluída na norma

---

[46] Cita-se, como origem das súmulas no Brasil, os assentos que eram previstos nas Ordenações Manuelinas, no ano de 1521, e foram aperfeiçoados pelas Ordenações Filipinas, com os assentos da Casa de Suplicação. Os assentos consistiam em normas de caráter vinculativo definidas pela aludida Casa de Suplicação, destinadas essas normas a solucionar dúvidas em seus julgados. Uma vez não sanada a dúvida, a matéria era encaminhada ao Rei para que, então, houvesse a solução mediante lei, alvará ou decreto. Os assentos vigeram ao longo do período colonial, sendo revogados em 1769 por meio da Lei da Boa Razão e restabelecidos em 1808 pelo Alvará Régio. Após a independência da colônia portuguesa, os assentos foram mantidos em virtude da manutenção em vigor das Ordenações Filipinas (Lei nº 5 de 20.10.1823), sendo que somente foram extintos pela Constituição da República no ano de 1891. Antes disso, porém, os assentos chegaram a ter força de lei, com possibilidade de revogação pelo Poder Legislativo.

regimental, no ano de 1963, mesmo ano em que foram aprovados os primeiros 370 enunciados daquela Corte.

As súmulas foram utilizadas pelos demais tribunais do país, do extinto Tribunal Federal de Recursos (TFR) ao Superior Tribunal de Justiça (STJ), assim como aos Tribunais Regionais Federais (TRF) e aos Tribunais de Justiça (TJ) dos estados.

As súmulas são enunciados emanados pelos tribunais, voltados a consolidar os posicionamentos pacificados sobre determinados assuntos, em face de sua repetição, evidenciando entendimento uniforme do respectivo Tribunal.

As súmulas de jurisprudência têm como função externar o posicionamento uniforme dos tribunais sobre determinado tema, mas não possuem caráter vinculante, apenas persuasivo, orientando os demais julgadores em suas razões de decidir quando a questão a ser enfrentada tiver sido objeto de tais enunciados.

Súmulas são, portanto, consolidações de entendimento do tribunal que as editou, com base em julgamentos reiterados sobre o mesmo assunto. Constituem-se como fonte do direito, e sua função está intimamente ligada à ideia de coerência do sistema judiciário, embora não tenham efeito vinculante, isto é, mesmo não sendo obrigatória sua aplicação. Elas servem para harmonizar as decisões judiciais.

A súmula vinculante inserida pela Emenda Constitucional nº 45, por sua vez, é dotada de obrigatoriedade de sua observância por parte dos órgãos do Poder Judiciário e da Administração Pública direta e indireta das três esferas administrativas da Federação, que se submetem ao procedimento específico para edição.

Diante da necessidade de melhorar a prestação jurisdicional, seja no que diz respeito à segurança jurídica e celeridade nos julgamentos, na mesma Emenda Constitucional nº 45 houve a inserção do Princípio da Duração Razoável do Processo e da Súmula vinculante.

Assim, as súmulas[47] com efeito vinculantes ingressaram no ordenamento jurídico brasileiro em 2004, por meio da Emenda Constitucional nº 45 (BRASIL, 2004a), inserindo-se o art. 103-A[48] no texto da

---

[47] Existem outros mecanismos que limitam a insurgência contra decisões judiciais: o art. 518, §1º, do CPC, em que um recurso de apelação pode ser rejeitado sempre que a sentença estiver em plena conformidade com súmula do STF ou do STJ; existência de repercussão geral nos recursos extraordinários, isto é, o recurso extraordinário somente será conhecido se o seu fundamento jurídico tiver repercussão geral (art. 102, §3º, da Constituição Federal, com regulamentação da Lei nº 11.418/2006, art. 543-A do CPC) (BRASIL, 2006f).

[48] "Art. 103-A. O Supremo Tribunal Federal poderá, de ofício ou por provocação, mediante decisão de dois terços dos seus membros, após reiteradas decisões sobre matéria

Constituição Federal de 1988 (BRASIL, 1988), e posteriormente foram regulamentadas pela Lei nº 11.417/2006 (BRASIL, 2006a). Mesmo antes da instituição das súmulas vinculantes no ordenamento jurídico brasileiro, houve grande debate sobre o assunto. De um lado, os seus defensores argumentavam que a súmula vinculante proporcionaria mais segurança jurídica, pois impediria a existência de decisões conflitantes, evitar-se-iam recursos repetitivos sobre a mesma matéria e se tornaria mais célere a solução dos conflitos, além de diminuir o volume de processos, especialmente nos Tribunais Superiores. Nota-se que este objetivo ficou expressamente consignado no §1º do art. 103-A da Constituição Federal.[49]

Nesta corrente filiam-se a maioria dos Ministros do Supremo Tribunal Federal (STF) e o professor Hugo de Brito Machado. De outro lado, os opositores sustentaram que as referidas súmulas atentariam contra a livre convicção dos magistrados, afetando a sua independência, bem como ao Princípio da Separação dos Poderes, na medida em que, através de sua adoção, estaria o Poder Judiciário *legislando* ao estabelecer uma interpretação correta de determinada norma jurídica. Sustentaram ainda que o Judiciário estaria regulando as futuras decisões jurisdicionais e até mesmo os atos da Administração Pública, invertendo, assim, nas palavras de Rodolfo Camargo Mancuso, o nosso "modelo jurídico-político", pois, a partir de então, não mais deveríamos fazer ou deixar de fazer alguma coisa somente em virtude de lei, além de restringir o acesso à Justiça. Nessa corrente se encontram Fábio

---

constitucional, aprovar súmula que, a partir de sua publicação na imprensa oficial, terá efeito vinculante em relação aos demais órgãos do Poder Judiciário e à administração pública direta e indireta, nas esferas federal, estadual e municipal, bem como proceder à sua revisão ou cancelamento, na forma estabelecida em lei.

§1º A súmula terá por objetivo a validade, a interpretação e a eficácia de normas determinadas, acerca das quais haja controvérsia atual entre órgãos judiciários ou entre esses e a administração pública que acarrete grave insegurança jurídica e relevante multiplicação de processos sobre questão idêntica.

§2º Sem prejuízo do que vier a ser estabelecido em lei, a aprovação, revisão ou cancelamento de súmula poderá ser provocada por aqueles que podem propor a ação direta de inconstitucionalidade.

§3º Do ato administrativo ou decisão judicial que contrariar a súmula aplicável ou que indevidamente a aplicar, caberá reclamação ao Supremo Tribunal Federal que, julgando-a procedente, anulará o ato administrativo ou cassará a decisão judicial reclamada, e determinará que outra seja proferida com ou sem a aplicação da súmula, conforme o caso" (BRASIL, 1988).

[49] "§1º do art. 103-A. A súmula terá por objetivo a validade, a interpretação e a eficácia de normas determinadas, acerca das quais haja controvérsia atual entre órgãos judiciários ou entre esses e a administração pública que acarrete grave insegurança jurídica e relevante multiplicação de processos sobre questão idêntica" (BRASIL, 1988).

Konder Comparato, Evandro Lins e Silva, Dalmo de Abreu Dallari e Rodolfo Camargo Mancuso.

O jurista Evandro Lins e Silva, quando tratou da súmula vinculante, expôs:

Em nosso sistema, a fonte primária do direito é sempre a lei, emanada do Poder Legislativo, para isso eleito pelo povo diretamente. Os juízes não têm legitimidade democrática para criar o direito, porque o povo não lhes delegou esse poder. A sua função precípua, na organização estatal, é a de funcionar como árbitros supremos dos conflitos de interesse na aplicação da lei. [...] Segundo as queixas dos eminentes magistrados que compõem o STF e o STJ, o principal fator de obstrução do andamento dos seus trabalhos é o imenso recebimento de feitos repetitivos. Foi justamente essa abundância de causas iguais que inspirou a feitura das Súmulas. A Súmula resolve com toda a rapidez os casos que sejam repetição de outros julgados, por simples despacho de poucas palavras do relator. [...]. A ausência de súmulas retira do julgador o instrumento para solucionar, de imediato, o recurso interposto ou a ação proposta. Por outro lado, os tribunais e juízes inferiores, que, de regra e geralmente, utilizam as súmulas como fundamento de suas decisões, não têm como se valer delas, inclusive para a celeridade de seus pronunciamentos. É muito difícil, devem ser raríssimos os casos de rebeldia contra as súmulas. Ao contrário, os juízes de segunda e primeira instâncias não apenas as respeitam, mas as utilizam, como uma orientação que muito os ajuda em suas decisões. Todos sentem falta das súmulas, que se tornaram instrumentos utilíssimos a todos os juízes e aos advogados. Elas, na prática, já são quase vinculantes, pela tendência natural dos juízes de acompanhar os julgados dos tribunais superiores. Torná-las obrigatórias é que não me parece ortodoxo, do ponto de vista da harmonia, da independência e da separação dos poderes. Todos os juízes devem ter a independência para julgar de acordo com a sua consciência e o seu convencimento, inclusive para divergir da súmula e pleitear a sua revogação. (SILVA, 1997, p. 43)

5.3.2.1 Procedimento para edição, revisão e cancelamento da súmula vinculante

A competência originária e exclusiva para a edição, revisão e cancelamento da súmula vinculante é do Supremo Tribunal Federal, que versa, com exclusividade, sobre a validade, a interpretação e a eficácia de normas jurídicas em cotejo com o texto constitucional.

O art. 103-A da Constituição Federal prevê, como requisitos para a elaboração da súmula vinculante: 1) a matéria objeto de súmula vinculante deverá ser de patamar constitucional; 2) reiteradas decisões sobre a matéria; 3) existência de controvérsia atual entre órgãos do Judiciário (portanto, não só internamente, entre as Turmas ou Pleno do STF), ou entre esses e a Administração Pública; 4) a controvérsia deve acarretar grave insegurança jurídica e, concomitantemente, relevante multiplicação de processos sobre questão idêntica; 5) aprovação por decisão de dois terços dos membros do STF; 6) publicação na Imprensa Oficial (BRASIL, 1988).

Os legitimados a apresentarem proposta de súmula vinculante estão elencados no art. 3º da Lei nº 11.417/2006.

A aprovação, revisão ou cancelamento da súmula vinculante dependerão de decisão tomada por 2/3 dos membros do STF, constituindo-se em quórum qualificado, pois necessita de oito votos de um total de onze.

Vale ressaltar que o art. 7º da Lei nº 11.417/2006[50] prevê a nulidade da decisão judicial ou anulação da decisão no âmbito administrativo que contrariar a súmula vinculante e a possibilidade de sua cassação mediante reclamação proposta junto ao STF (BRASIL, 2006a).

A reclamação contra ato administrativo somente será possível após o esgotamento das vias administrativas.

A Lei nº 9.784/99, que regula o processo administrativo na Administrativo Federal, estabelece que, na hipótese de acolhimento da reclamação fundada em violação de enunciado de súmula vinculante, a autoridade prolatora da decisão e o órgão competente para o julgamento do recurso deverão adequar as futuras decisões administrativas, sob pena de responsabilização.[51]

---

[50] Lei nº 11.417/2006. "Art. 7º. Da decisão judicial ou do ato administrativo que contrariar enunciado de súmula vinculante, negar-lhe vigência ou aplicá-lo indevidamente caberá reclamação ao Supremo Tribunal Federal, sem prejuízo dos recursos ou outros meios admissíveis de impugnação.
§1º Contra omissão ou ato da administração pública, o uso da reclamação só será admitido após esgotamento das vias administrativas.
§2º Ao julgar procedente a reclamação, o Supremo Tribunal Federal anulará o ato administrativo ou cassará a decisão judicial impugnada, determinando que outra seja proferida com ou sem aplicação da súmula, conforme o caso".
[51] "Art. 64-B. Acolhida pelo Supremo Tribunal Federal a reclamação fundada em violação de enunciado da súmula vinculante, dar-se-á ciência à autoridade prolatora e ao órgão competente para o julgamento do recurso, que deverão adequar as futuras decisões administrativas em casos semelhantes, sob pena de responsabilização pessoal nas esferas cível, administrativa e penal."

5.4 Garantir a observância de decisão do STF em controle concentrado de constitucionalidade – Art. 988, III, do CPC de 2015

O sistema de controle de constitucionalidade das leis e atos normativos no Brasil pode ser considerado um sistema misto, visto existirem o denominado controle difuso e o controle concentrado ou via direta. No controle difuso ou incidental, os juízes ou os órgãos dos tribunais, em um caso concreto, poderão reconhecer a inconstitucionalidade de lei ou ato normativo.

No controle concentrado ou abstrato, a inconstitucionalidade é o próprio objeto da ação e é feito pelo STF quando se busca a inconstitucionalidade de lei ou ato normativo federal ou estadual em face da Constituição Federal (CF), ou pelos Tribunais de Justiça para análise de inconstitucionalidade de atos normativos ou leis estaduais ou municipais em face da Constituição Estadual.

José Afonso da Silva, na obra *Curso de Direito Constitucional Positivo*, quando trata do sistema brasileiro de controle de constitucionalidade, expõe:

> O sistema é o jurisdicional instituído com a Constituição de 1891 que, sob influência do constitucionalismo norte-americano, acolhera o critério de controle difuso por via de exceção, que perdurou nas constituições sucessivas até a vigente.
>
> [...]
>
> Em suma, à vista da Constituição vigente, temos a inconstitucionalidade por ação ou por omissão, e o controle de constitucionalidade é o jurisdicional, combinando critérios difuso e concentrado, este de competência do Supremo Tribunal Federal. Portanto, temos o exercício do controle por via de exceção e por ação direta de inconstitucionalidade e ainda a referida ação declaratória de constitucionalidade. De acordo com o controle por exceção, qualquer interessado poderá suscitar a questão de inconstitucionalidade, em qualquer processo, seja de que natureza for, qualquer que seja o juízo [...]. (SILVA, 1995, p. 49-50)

A principal diferença entre os dois sistemas de controle de constitucionalidade que têm influência direta sobre a reclamação é que, no concentrado, as decisões de mérito têm efeito *erga omnes* e vinculativo com relação aos demais Poderes.

Ressalte-se que, no controle difuso, também se admite a reclamação. Todavia, nesses casos, somente terão legitimidade as partes no processo, visto que não possuem efeito *erga omnes* e efeito vinculante, mas somente *inter partes*.

5.4.1 A reclamação e o cabimento na teoria da transcendência dos motivos determinantes

Quando se fala em garantia à observância das decisões do Supremo Tribunal Federal (STF) em controle de constitucionalidade, a Corte Suprema tem entendido que os fundamentos ou motivos determinantes também são dotados de efeito vinculante quando referentes aos julgamentos em controle concentrado de constitucionalidade.

Na reclamação Rcl. nº 4.692-RS MC, o Ministro Cezar Peluso proferiu decisão monocrática, onde, de forma didática, afirma tanto o efeito vinculante dos fundamentos da decisão, como também do cabimento da reclamação em caso de violação, citando vários outros precedentes do próprio STF (BRASIL, 2006d). Em razão da clareza e riqueza da decisão, com citação de vários precedentes, vale a sua transcrição:

> Afirme-se, antes de mais, a adequação da via eleita pelo reclamante para a pretensão deduzida. Conforme vêm se pronunciando a Corte em reiteradas oportunidades, os fundamentos ou motivos determinantes de decisão proferida no âmbito do controle concentrado e abstrato de constitucionalidade, seja em sede liminar, seja em pronunciamento definitivo, são dotados de eficácia vinculante transcendente (art. 102, §2º, da CF; art. 28, §único, da Lei nº 9.868, de 10.11.1999), apta a ensejar, quando violado o entendimento lá firmado por outro órgão do Poder Judiciário ou pela Administração Pública, a propositura de reclamação ao Supremo Tribunal Federal (art. 102, inc. I, "l", da CF), a fim de se fazer prevalecer a posição por este adotada (RCL. nº 2.363, Rel. Min. GILMAR MENDES, DJ de 01.04.2005; RCL. nº 2.143-AgR, Rel. Min. CELSO DE MELLO, DJ de 06.06.2003; RCL. nº 1.987, Rel. Min. MAURÍCIO CORRÊA, DJ de 21.05.2004; RCL. nº 1.722, Rel. Min. CELSO DE MELLO, DJ de 13.05.2005; RCL. nº 3.625-MC, Rel. Min. CELSO DE MELLO, DJ de 08.11.2005; RCL. nº 3.291, Rel. Min. CEZAR PELUSO, DJ de 31.05.2005; RCL. nº 2.986-MC, Rel. Min. CELSO DE MELLO, DJ de 18.03.2005; RCL. nº 2.291-MC, Rel. Min. GILMAR MENDES, DJ de 01.04.2003). (BRASIL, 2006d)

Em conclusão, entendemos ser cabível a reclamação para garantir a decisão do STF proferida em controle concentrado de constitucionalidade, seja em decorrência da violação da parte dispositiva, seja pela violação dos seus fundamentos (*ratio decidendi*).

O §4º do art. 988 materializa o posicionamento do STF quando passa a estabelecer que "as hipóteses dos incisos III e IV compreendem a aplicação indevida da tese jurídica e sua não aplicação aos casos que a ela correspondam" (BRASIL, 2015a).

Conclui-se, assim, que o CPC de 2015 admite expressamente o cabimento da reclamação com relação aos fundamentos da decisão nos julgamentos relativos a controle de constitucionalidade concentrado,[52] súmula vinculante e precedente proferido em julgamento de casos repetitivos ou em incidente de assunção de competência. Deve-se ressaltar, de outro lado, que, mesmo o STF, na Rcl. nº 4.335-AC, por maioria, também afastou a teoria da abstrativização[53] adotada no direito alemão, no sentido de que a inconstitucionalidade declarada *incidenter tantum* ou controle difuso não é passível de reclamação constitucional, visto que somente produz efeitos entre as partes originárias da contenda (BRASIL, 2006e).

5.5 Garantir a observância de acórdão proferido em julgamento de incidente de resolução de demandas repetitivas e em incidente de assunção de competência – Art. 988, inciso IV.

Diante da dificuldade de se coletivizar os litígios, e com o intuito de otimizar os julgamentos, proporcionando maior celeridade, o legislador optou por coletivizar os julgamentos.

5.5.1 Acórdão proferido em incidente de resolução de demandas repetitivas (IRDR)

Nesse cenário, surgem os procedimentos do julgamento dos recursos repetitivos e, com o Código de Processo Civil (CPC) de 2015, o incidente de resolução de demanda repetitiva (IRDR), previsto em seu art. 976 (BRASIL, 2015a). O IRDR não é exclusividade, nem criação brasileira e tem seus correspondentes no direito comparado: na Alemanha, tem-se o procedimento-modelo (*Musterverfahren*); na Inglaterra, o *Group Litigation Order* (GLO); no direito norte-americano, o *Multidistrict-Litigation*; e no Direito Português, o "Modelo de agregação de causas", todos eles com suas variações e peculiaridades, mas instituídos com o

---

[52] Enunciado nº 168, do Fórum Permanente de Processualistas Civis (FPPC): "Os fundamentos determinantes do julgamento de ação de controle concentrado de constitucionalidade realizado pelo STF [...] possuem efeito vinculante para todos os órgãos jurisdicionais" (ENUNCIADOS..., 2015, p. 30).

[53] Teoria da Abstrativização: as decisões do pleno do Tribunal Constitucional pátrio em sede de controle de constitucionalidade devem ser peremptoriamente observadas por todos os órgãos do Poder Judiciário, independente do modelo tratado.

objetivo único de gerenciamento do julgamento dos processos de massa, com economicidade de recursos materiais e humanos e, principalmente, para propiciar maior segurança jurídica com decisões isonômicas.

Mais que ser sucumbente no litígio, e com razão, o que mais causa perplexidade às partes são as decisões conflitantes, vale dizer, o direito aplicado de forma diversa em casos idênticos, gerando grande insegurança jurídica.

O Judiciário não pode se transformar em jogo da sorte, cujo resultado fique na dependência do juiz para qual o feito é distribuído, sendo imperioso um mínimo de previsibilidade, a fim de que a parte possa melhor avaliar as possibilidades de vitória, ou mesmo de uma conciliação.

O rol de legitimados para requerer o incidente é amplo: o juiz ou relator, as partes, o Ministério Público e a Defensoria Pública, cujo julgamento será de competência do órgão colegiado responsável pela uniformização de jurisprudência no Tribunal de Justiça (TJ) ou Tribunal Regional Federal (TRF). Instaurado o procedimento, os demais processos individuais ou coletivos, presentes e futuros, ficam suspensos pelo prazo de um ano. Ultrapassado esse prazo, voltam à tramitação regular, salvo decisão fundamentada por quem o suscitou.

Excelente providência da redação final do nCPC foi dar ao juiz de primeiro grau a legitimidade para requerer o incidente, e tal circunstância não constava da versão da Câmara dos Deputados.

Como assevera Luiz Henrique Volpe de Camargo: "Não existe razão para não permitir ao juiz de primeiro grau suscite o incidente, que tem mais facilidade em constatar a multiplicação com a mesma questão jurídica, pois é a ele que as demandas mais variadas são dirigidas" (CAMARGO, 2010, p. 288). De fato, o juiz é quem primeiro entra em contato com os conflitos repetitivos, o que possibilita que suscite desde logo o incidente, acelerando a uniformização do feito, uma vez que elimina o tempo de tramitação que levaria até o grau recursal.

De acordo com o art. 976 do NCPC, o IRDR está condicionado a dois requisitos que devem ocorrer simultaneamente: i) repetição de processos que contenham controvérsia sobre a mesma questão unicamente de direito e; ii) o risco de ofensa à isonomia e à segurança jurídica.

Ao mencionar questões repetidas em matéria de direito, isonomia e segurança jurídica, o legislador está sinalizando que o seu objetivo é uniformizar a controvérsia existente nos processos de massa o quanto antes, neutralizando eventuais repetições de ações inviáveis ou pacificar, desde logo, os feitos viáveis. Assim, caso a tese jurídica apreciada no IRDR se estabilize no sentido de denegar o pedido dos autores, isso evitará que novas ações sejam ajuizadas, reduzindo o fluxo de entrada, haja vista o seu efeito vinculante no âmbito territorial do Tribunal de Justiça (TJ) ou Tribunal Regional Federal (TRF), inclusive juizados especiais.

De outro lado, caso a tese jurídica seja favorável aos autores, fato que estimulará novos ajuizamentos, haverá uma tendência de que estes sejam sentenciados, liquidados e executados com maior velocidade, em razão da pacificação da tese, evitando os recursos e facilitando a autocomposição. De uma forma de ou outra, a técnica uniformizadora do IRDR é sempre positiva.

E, por fim, em coerência com todos os atributos já mencionados, o IRDR, após a tese jurídica ser fixada no Supremo Tribunal Federal (STF), terá efeito vinculante e *erga omnes*, atingindo os processos individuais e coletivos em todo o território nacional.

Com isso, se o instituto tiver a aplicabilidade à qual se propõe, poderá esvaziar por completo a técnica dos recursos repetitivos, em razão de sua agilidade, além de haver a possibilidade da questão de direito ser pacificada antes mesmo de se tornar controvertida em todos os tribunais do país. Não existe dúvida em afirmar que o IRDR, caso não seja desvirtuado o seu escopo em razão de um formalismo garantista que nos é peculiar, poderá ser um instituto de extrema eficiência para lidar com processos de massa, preservando a segurança jurídica, a isonomia e a celeridade nos casos aplicáveis.

5.5.2 Acórdão proferido em incidente de assunção de competência

O Incidente de Assunção de Competência foi inserido no CPC de 1973 pela Lei nº 11.280/2006, mais especificamente no §1º do artigo 555 (BRASIL, 2006g). No CPC de 2015, o referido incidente agora é previsto em capítulo próprio, desdobrando-se no artigo 947 e quatro parágrafos.

A assunção de competência, também conhecida como afetação de julgamento, consiste na remessa para órgão de maior composição, dentro do mesmo tribunal, o julgamento de recurso originalmente de competência da turma ou câmara, a fim de uniformizar a jurisprudência. O novo Código inova ao permitir a instauração do incidente de assunção de competência (§1º do art. 944) pelo relator, de ofício ou a requerimento, quando houver relevante questão de direito, com grande repercussão social, independentemente da existência de uma profusão de recursos sobre a mesma controvérsia.

Ao contrário do incidente de resolução de demandas repetitivas, em que a escolha da causa-piloto é em razão da multiplicidade de recursos, aqui o legislador faz uma categorização qualitativa da disputa, bastando que a questão de direito seja relevante e capaz de atingir toda a sociedade (interesse público), fato que oportuniza a remessa do recurso desde logo para o órgão colegiado competente.

A novidade em relação à legislação vigente (art. 555, §1º) é que o incidente de assunção de competência produz pelo menos dois aspectos extremamente positivos à padronização de decisões: i) tem efeito vinculante aos juízes e órgãos fracionários; ii) previne divergências entre órgãos fracionários de um mesmo tribunal acerca de uma mesma controvérsia.

Com a redação do CPC de 2015, a afetação, que era de competência exclusiva do relator, poderá ser proposta pelas partes, defensores públicos ou Ministério Público, estendendo as possibilidades de uma rápida uniformização, em prol da previsibilidade das decisões e da segurança jurídica.

5.6 Garantir a observância de acórdão de recurso extraordinário com repercussão geral reconhecida ou de acórdão proferido em julgamento de recursos extraordinários ou especial repetitivos, quando não esgotadas as instâncias ordinárias – Art. 988, §5º, inciso II

De acordo com a sistemática atual, o Supremo Tribunal Federal (STF) não conhece de recurso extraordinário caso não seja demonstrada a repercussão geral na questão constitucional debatida. Nas palavras de Guilherme Marinoni (2013), "trata-se de requisito intrínseco de admissibilidade do recurso extraordinário que concretiza o direito fundamental à tutela jurisdicional em prazo razoável e a necessidade de racionalização da atividade judiciária" (MARINONI, 2013, 235).

O código define como de repercussão geral as questões relevantes, do ponto de vista social, econômico ou jurídico, que transcendam o interesse da causa, vale dizer, que estejam além das partes, mas que exerçam seus reflexos em todo o tecido social potencialmente litigante. Trata-se da chamada "objetivação" da demanda, isto é, a tese a ser debatida deve influenciar além dos interesses da causa.

Evidente que, ao se falar de valores sociais, econômicos ou jurídicos, a lei invoca conceitos indeterminados, ou seja, só podem ser verificados no caso concreto.

A Lei nº 11.418/2006 também previu circunstâncias outras de caráter objetivo e absoluto para configuração da repercussão geral (BRASIL, 2006f), como, por exemplo, quando a decisão recorrida contrariar súmula ou jurisprudência dominante do tribunal (art. 1.035, §3º, I). Esse elemento demonstra o esforço em se reconhecer, nas decisões do STF, a forte carga persuasiva dos precedentes que vão garantir previsibilidade e segurança jurídica às decisões futuras.

Com a regra da repercussão geral, o legislador cria um filtro depurador aos processos que serão julgados pelo STF, não bastando (como antes) que as controvérsias tenham natureza constitucional, mas que também tenham relevância a ponto de ultrapassar o interesse das partes litigantes. Com a introdução dessa técnica, o STF abandona a sua função de solucionar todo e qualquer conflito em que se discuta a questão constitucional, agregando um critério qualitativo aos julgamentos.

A decisão que nega a existência de repercussão geral é privativa do pleno e tem eficácia genérica, valendo para todos os recursos que versem sobre idêntica controvérsia (art. 1.035, §8º, do CPC de 2015). Uma vez rejeitada, a Presidência do Supremo Tribunal Federal ou o relator do recurso podem deixar de conhecer liminarmente o recurso extraordinário (RE), decidindo monocraticamente (arts. 13, V, alínea "c", e 327, *caput* do Regimento Interno do Supremo Tribunal Federal – RISTF) e dando agilidade nas decisões dos recursos sobrestados.

As providências de valorização da súmula e jurisprudência do STF, da irrecorribilidade das decisões relativas à repercussão geral da inadmissibilidade em bloco no caso de negativa de questões idênticas, são todas elas tendentes a fixar os precedentes judiciais da própria corte superior.

Do ponto de vista da gestão administrativa dos julgamentos, a medida foi extremamente positiva, visto que reduziu consideravelmente o julgamento dos recursos extraordinários.

Uma discussão recente se instaurou no STF no que diz respeito à admissibilidade ou não de utilização da reclamação constitucional para questionar decisões dos tribunais de origem nas análises da existência ou não de repercussão geral no juízo de admissibilidade dos recursos extraordinários.

De acordo com o novo CPC, caberá agravo da decisão do presidente do tribunal de origem que inadmitir recurso extraordinário com fundamento em decisão do STF que já tenha reconhecido a inexistência da repercussão geral da questão constitucional discutida (art. 1.042, III, do nCPC) (BRASIL, 2015a).

A decisão monocrática proferida na Rcl. nº 11.427-MG, proferida pelo Ministro Ricardo Levandowisky, não conheceu da reclamação (BRASIL, 2011f), sob o fundamento de que a jurisprudência do STF, por ocasião do julgamento da Rcl. nº 7.569-SP, cuja relatora foi a Ministra Ellen Gracie, firmou o entendimento de que não cabe reclamação para correção de eventual equívoco na aplicação do regime da repercussão geral (BRASIL, 2009i).

A parte sucumbente ingressou com agravo interno, tendo sido negado provimento pelo Ministro Relator, acompanhado pela Ministra Ellen Gracie, e pelos Ministros Gilmar Mendes e Luis Roberto Barroso. Pelo provimento do agravo, votou o Ministro Marco Aurélio (BRASIL, 2009i).

Até a presente data,[54] o julgamento da Rcl. nº 11.427-MG não havia sido concluído (BRASIL, 2011f), estando suspenso com pedido de vista.[55]

Todavia, em 2 de fevereiro de 2016 foi publicada a Lei nº 13.256/16, que alterou a redação do parágrafo 5º do art. 988 do novo CPC. No §5º ficou estabelecido que é inadmissível a reclamação proposta para garantir a observância de acórdão de recurso extraordinário com repercussão geral reconhecida ou de acórdão proferido em julgamento de recursos extraordinários ou especial repetitivos, quando não esgotadas as instâncias extraordinárias.

Na obra *Os Primeiros Comentários ao Novo Código de Processo Civil*, quando aborda o assunto:

> Diz a nova lei que neste caso, e também no caso de acórdão com repercussão geral reconhecida, a reclamação (que cabe!) só pode ser proposta depois de esgotadas as vias ordinárias, ou seja, quando já cabem recurso extraordinário ou especial, conforme o caso; eliminando-se, assim, a possibilidade de impugnação per saltum. 9.3 Deve-se, aqui, sublinhar que a utilidade da reclamação, proposta depois de esgotadas as instâncias ordinárias, fica bastante reduzida, já que, neste momento, a questão já pode ser levada ao STJ e ao STF pelos recursos especial e extraordinário, respectivamente.[56]

Importante esclarecer que o incidente de assunção de competência e o incidente de resolução de demandas repetitivas, tratados

---

[54] 7 de março de 2016.
[55] Pedido de vista do Ministro Luiz Fux, em 24.04.2015.
[56] *Op. cit.*, p. 1.576.

anteriormente, diferem do recurso extraordinário e do recurso especial repetitivos. Enquanto os primeiros estão previstos nos artigos 947 e 976, respectivamente, estes estão previstos no art. 1.036 do CPC. Todavia, todos pertencem ao gênero casos repetitivos.

Assim, para o cabimento da reclamação nas hipóteses de repercussão geral e para garantir acórdãos proferidos em recurso extraordinário e especial repetitivos, o legislador condicionou ao esgotamento das vias ordinárias.

Curioso destacar que o novo CPC, com a alteração introduzida pela Lei nº 13.256/2016, criou novas hipóteses de cabimento da reclamação. Ao afirmar que é inadmissível a reclamação incluindo-se a ressalva "quando não esgotadas as instâncias ordinárias", permitiu a utilização da reclamação nas hipóteses de repercussão geral e especial repetitivas, sendo que o Supremo Tribunal Federal, por sua maioria, não estava admitindo a reclamação nessa hipótese de repercussão geral.

Para a hipótese de preservação de acórdãos proferidos em incidente de resolução de demandas repetitivas (IRDR) e incidente de assunção de competência (IAC), não há necessidade de esgotamentos das vias ordinárias, ou seja, independe da apresentação de interposição e apreciação dos recursos cabíveis.

CAPÍTULO 6

PRAZO E PROCEDIMENTO DA RECLAMAÇÃO

6.1 Prazo

O legislador não estabeleceu um prazo fixo para a propositura da reclamação. Todavia, o inciso I do §5º art. 989 do novo Código de Processo Civil condicionou o cabimento da reclamação ao trânsito em julgado da decisão (coisa julgada material) (BRASIL, 2015a).

Ressalte-se que existe a possibilidade de reclamação contra decisão de natureza administrativa. Nesse caso, não haveria limite temporal, visto não existir a coisa julgada material. Da mesma forma com relação àquelas decisões que não comportam recursos.[57]

6.1.1 Reclamação e interposição/pendência de recurso

Uma questão interessante é se o cabimento de recurso próprio inibe a interposição de reclamação em face da mesma decisão. Essa celeuma já foi dirimida pelo Supremo Tribunal Federal (STF), quando

---

[57] O novo CPC eliminou o juízo de admissibilidade do recurso de apelação em 1º grau. Sendo assim, caso exista decisão negando seguimento ao recurso, caberá reclamação ao Tribunal competente (BRASIL, 2015a). Foi mantido o juízo de admissibilidade bipartido para o recurso extraordinário e recuso especial, após a alteração trazida com a Lei nº 13.256/2016 (BRASIL, 2016a).

julgou a Reclamação Rcl. nº 329, de relatoria do Ministro Sepúlveda Pertence. Na oportunidade, entendeu que a "recorribilidade da decisão não ilide o cabimento da reclamação", ressaltando que as hipóteses de cabimento da reclamação restringem-se à usurpação de competência ou desrespeitam a autoridade da decisão (BRASIL, 1990b).

Noutro julgado, Rcl. nº 655, de relatoria do mesmo Ministro, o STF entendeu que, durante a pendência de julgamento de recurso, também é cabível a reclamação (BRASIL, 1997).

O artigo 7º da Lei nº 11.417/2006 estabelece que, da decisão judicial ou do ato administrativo que contrariar enunciado de súmula vinculante, negar-lhe vigência ou aplicá-lo indevidamente, caberá reclamação ao Supremo Tribunal Federal, sem prejuízo dos recursos ou outros meios admissíveis de impugnação (BRASIL, 2006a).

Observa-se que o novo CPC, no §6º do art. 988, materializa o entendimento do STF com relação ao cabimento da reclamação mesmo diante da coexistência de recurso em face da mesma decisão. O §5º, por sua vez, prevê que é inadmissível a reclamação proposta após o trânsito em julgado da decisão (BRASIL, 2015a), consolidando em lei o entendimento adotado na Súmula nº 734 do STF.[58]

Forçosa, então, é a conclusão de que o limite temporal para o ajuizamento da reclamação será dentro do prazo recursal, que terá variação de acordo com a natureza da decisão. Na hipótese de interposição de recurso, até o seu julgamento e término do novo prazo recursal, se for o caso.

Outra questão polêmica é na hipótese de ajuizamento de reclamação dentro do prazo recursal, sem, todavia, a interposição do recurso próprio.

Pedro Miranda de Oliveira[99] defende que a reclamação não impede a preclusão ou a formação da coisa julgada, razão pela qual a parte deve interpor o recurso cabível, sob pena de falta de interesse pela perda de objeto (OLIVEIRA, 2015).

---

[58] Súmula nº 734, do Supremo Tribunal Federal (STF): "Não cabe reclamação quando já houver transitado em julgado o ato judicial que se alega tenha desrespeitado decisão do Supremo Tribunal Federal" (BRASIL, 2003a).

[59] "É cediço que apenas os recursos têm efeito obstativo, qual seja, o efeito de impedir a preclusão e a formação de coisa julgada. Assim, a medida cabível para evitar preclusão ou trânsito em julgado é apenas uma: o recurso legalmente previsto. A reclamação, por não ter natureza jurídica de recurso, não tem efeito obstativo e, por conseguinte, seu ajuizamento não tem o condão de evitar a formação da coisa julgada. A conclusão é que a reclamação deverá ser utilizada como medida paralela à interposição do recurso cabível e, jamais, como único meio de impugnação, sob pena de falta de interesse diante da perda do objeto. Em outras palavras, não pode o interessado deixar de impugnar a

Em sentido diametralmente oposto é o enunciado do CEAPRO,[60] nos seguintes termos: "A reclamação, quando ajuizada dentro do prazo recursal, impede, por si só, o trânsito em julgado da decisão reclamada" (CEAPRO, 2016).

O STF, ao julgar a Reclamação nº 509-MG, de relatoria do Ministro Sepúlveda Pertence, assentou:

> Ajuizada a reclamação antes do trânsito em julgado da decisão reclamada, e não suspenso liminarmente o processo principal, a eficácia de tudo quanto nele se decidiu ulteriormente, incluído eventual trânsito em julgado do provimento que se tacha de contrário à autoridade de acórdão do STF, será desconstituída pela procedência da reclamação. (BRASIL, 2000)

Entendimento diverso é o de Eduardo José da Fonseca Costa quando afirma que: "Por outro lado, se o trânsito se deu na pendência do julgamento do pedido reclamatório, sem o reclamante ter também manejado recurso ou ação impugnativa para evitá-lo, o processo será extinto sem resolução do mérito" (COSTA, 2015, p. 2207).

Entende-se que o CPC de 2015 disciplinou a questão quando, no §6º do artigo 988, dispôs que a inadmissibilidade ou o julgamento do recurso interposto contra a decisão proferida pelo órgão reclamado não prejudica a reclamação (BRASIL, 2015a).

A interpretação mais razoável seria decorrente de um raciocínio lógico; *a maiori, ad minus*. Ora se a lei prevê que a inadmissibilidade ou o julgamento do recurso interposto contra a decisão proferida pelo órgão reclamado não prejudica a reclamação, não há como entender que a reclamação perca o seu objeto se proposta dentro do prazo recursal.

---

decisão exorbitante por meio das vias recursais tradicionais, pois o uso da reclamação não supre a falta de recurso. Logo, o uso da reclamação deve ser concomitante à utilização pelo interessado dos meios recursais próprios para impugnação da decisão reclamada" [...] (NOGUEIRA 2013, *apud* OLIVEIRA, 2015). "Daí ser indispensável que, paralelamente à propositura da reclamação, seja interposto o recurso cabível para impedir que a decisão se torne definitiva. Ajuizada a tempo, superveniente preclusão ou trânsito em julgado não a torna sem objeto. O que interessa é a reclamação ser apresentada em momento oportuno, repete-se, antes da preclusão ou do trânsito em julgado, paralelamente ao recurso cabível. A propósito, a parte não pode ser obrigada a recorrer infinitamente para obstar o trânsito em julgado na hipótese de demora no julgamento da reclamação pelo respectivo tribunal. Por fim, a única forma de se dispensar a interposição do recurso seria a obtenção de liminar, concedendo o efeito suspensivo na reclamação antes que a decisão reclamada transite em julgado ou se torne preclusa" (OLIVEIRA, 2015, p. 1462-1463).

[60] Enunciado do Centro de Estudos Avançados de Processo (CEAPRO): "9) A reclamação, quando ajuizada dentro do prazo recursal, impede, por si só, o trânsito em julgado da decisão reclamada" (CEAPRO, 2016).

Tomando como exemplo a hipótese de inadmissibilidade do recurso, em tese, a decisão reclamada se tornaria definitiva, seja por preclusão ou decorrente da coisa julgada. Sendo assim, uma vez que a reclamação é proposta dentro do prazo legal do recurso cabível para a decisão atacada, parece que a reclamação não estaria prejudicada, conforme decisão do STF anteriormente citada.

Quando a reclamação objetiva cassar decisão interlocutória, o interesse processual de agir persistirá até o julgamento da causa. Sendo esta julgada por sentença, a reclamação perde o seu objeto, visto que a referida decisão é substituída pelo provimento final.

Outra situação que merece destaque é a hipótese de provimento do recurso enquanto pendente a reclamação. Sendo provido o recurso contra a decisão que também está sendo questionada via reclamação, esta perde o seu objeto, devendo ser extinta por ausência de interesse processual de agir.

Pedro Miranda de Oliveira, nos *Comentários ao Novo Código de Processo Civil*, aborda essa situação:

> O provimento do recurso que implique anulação ou reforma da decisão, importa na sua extinção e, consequentemente, na ausência superveniente de interesse, a impor a extinção da reclamação, diante da perda do seu objeto.
>
> Em outras palavras, ao contrário do que a literalidade do dispositivo sugere, se a decisão reclamada for extinta, a o julgamento da reclamação, por óbvio, ficará prejudicado.[61]

6.2 A petição inicial

A petição inicial da reclamação, prevista no artigo 988[62] do novo Código de Processo Civil (CPC), considerando a sua natureza de ação, deverá obedecer aos requisitos da petição inicial, previstos no artigo 319 do CPC de 2015, ou seja: o juízo ao qual será dirigida (art. 319, I); a qualificação das partes (art. 319, II); o fato e os fundamentos jurídicos do pedido (art. 319, III); o pedido com as suas especificações (art. 319, IV); e o valor da causa (art. 319, V) (BRASIL, 2015a).

No que se refere à produção de provas, o rito da reclamação, da mesma forma que no mandado de segurança, deve ser documental e pré-constituído (§2º do art. 988), não se admitindo a instrução processual para esse fim.[63]

---

[61] *Op. cit.*, p. 1463-1464.

[62] "Art. 988. Caberá reclamação da parte interessada ou do Ministério [...]"(BRASIL, 2015a).

[63] Art. 988, §2º: "A reclamação deverá ser instruída com prova documental e dirigida ao presidente do tribunal" (BRASIL, 2015a).

Sendo assim, se a petição inicial não preencher os requisitos, o relator determinará ao autor que a emende ou a complemente no prazo de 15 dias, indicando com precisão o que deve ser corrigido ou emendado. Essa indicação do que deve ser corrigido ou emendado é uma inovação do novo Código de Processo Civil. Na praxe forense é comum o juiz determinar a emenda da inicial sem apontar qual seria o ponto no qual a inicial deve ser corrigida.

Com a redação do novo Código, entende-se que essa prática é mais produtiva, além de possibilitar ao autor o conhecimento a respeito do suposto erro, para fins de correção ou mesmo interposição de recurso, se não concordar com a determinação de emenda.

6.3 Capacidade postulatória

Apesar de a reclamação ser considerada um remédio constitucional, exige-se o pressuposto processual da capacidade postulatória. Sendo assim, a representação do reclamante deverá ser feita por advogado ou defensor público, ou procurador, na hipótese de a parte ser a Fazenda Pública.

A indispensabilidade da capacidade postulatória para propor a reclamação já foi objeto de julgamento do Supremo Tribunal Federal (STF).[64]

Uma situação *sui generis* julgada pelo Supremo Tribunal Federal refere-se à desnecessidade de representação por procurador quando houver capacidade postulatória para a propositura de ação. Essa situação foi enfrentada pelo STF no julgamento da Reclamação nº 1.915-SP, quando se entendeu da legitimidade ativa para a proposição da reclamação quando houver a capacidade postulatória para o ajuizamento da ação em que houve o descumprimento.[65]

---

[64] "Reclamação. Ausência de capacidade postulatória da parte reclamante. Somente nos casos em que a lei expressamente excepciona no sentido de admitir capacidade postulatória a quem não tenha os conhecimentos técnicos exigidos pela lei para a propositura das ações e dos instrumentos processuais em geral, é que será possível admiti-la a quem não os possua. Precedente: Rcl nº 678, Moreira. Reclamação não conhecida" (BRASIL, 2006h).

[65] "Ementa: Reclamação. Governador do estado. Legitimidade ativa. Precatório. Pedido contra ato futuro: inadmissibilidade. Observância à decisão proferida na ADI 1662-SP. Preterição. Seqüestro de verba pública. Hipótese de cabimento da medida constritiva. 1. Reclamação por descumprimento de decisão proferida em ação direta de inconstitucionalidade. Governador do Estado. Legitimidade ativa para sua proposição, tendo em vista sua capacidade postulatória para o ajuizamento de idêntica ação direta. Precedentes. 2. Reclamação. Existência de ato concreto praticado em desacordo com o julgamento da ação direta de inconstitucionalidade. Admissibilidade da ação contra qualquer ato concreto que

6.4 A legitimidade e as partes

A legitimidade ativa na reclamação será da parte interessada ou do Ministério Público, conforme expressamente prevê o art. 988 do novo Código de Processo Civil (CPC) (BRASIL, 2015a). O demandante será o reclamante (parte ativa). O demandado (parte passiva) será a autoridade que usurpou a competência; ou desrespeitou a autoridade da decisão do tribunal; ou não observou a decisão do STF, proferida em controle concentrado de constitucionalidade; ou não observou enunciado de súmula vinculante; ou não observou precedente proferido em julgamento de casos repetitivos; ou, em incidente de assunção de competência, será o reclamado.

Em tese, todos aqueles que forem atingidos por decisões contrárias às hipóteses previstas serão partes legítimas para o ajuizamento da reclamação.

Ricardo de Barros Leonel, na obra *Reclamação Constitucional*, define parte interessada como:

> O interessado ou parte interessada é aquele que ostenta, substancialmente e juridicamente, legitimidade e interesse, por sofrer (diante da hipótese afirmada quando da propositura da reclamação) com os atos que se qualificam como aptos a permitir, ao mesmo em tese, a utilização dessa ação constitucional. (LEONEL, 2011, p. 220)

A autoridade que praticou o ato será notificada para prestar as informações no prazo de 10 dias (art. 989, I). Há a previsão de citação do beneficiário da decisão impugnada para apresentar a contestação no prazo de 15 dias. Nesse caso, se o beneficiário da decisão vier a integrar a lide, o fará na condição de litisconsorte passivo, tornando-se réu na relação jurídica processual (BRASIL, 2015a).

Assim, no rito processual da reclamação ter-se-á como partes: o reclamante, que será o demandante; e a reclamada, que será a autoridade usurpadora de competência ou violadora de decisão, precedente ou súmula vinculante. Haverá ainda o réu, que será a parte que se beneficiou do ato.

---

resulte afronta à competência desta Corte ou à autoridade de suas decisões. Precedente. Não-conhecimento quanto à pretensão de inibir a autoridade reclamada de expedir novas ordens de seqüestro de verbas públicas, por necessária a existência de fato concreto, contrário à decisão do Supremo Tribunal Federal. 3. Precatório. Pagamento. Preterição de ordem de precedência. Ocorrência. Situação suficiente para motivar o seqüestro de verbas públicas destinadas à satisfação de dívidas judiciais alimentares. Observância à autoridade da decisão proferida na ADI 1662. Reclamação parcialmente conhecida e, na parte conhecida, julgada improcedente" (BRASIL, 2004b).

Por fim, tem-se o terceiro interessado, que integrará a lide como litisconsorte, impugnando o pedido formulado na reclamação. No artigo 990 do novo CPC, há a previsão de que qualquer interessado poderá impugnar o pedido do reclamante (BRASIL, 2015a).

O Ministério Público, quando não for o autor da reclamação, atuará como *custos legis*, tendo prazo de 5 (cinco) dias para se manifestar após o decurso do prazo para as informações.[66]

Destaca-se que, no julgamento da Reclamação nº 7.358 no Supremo Tribunal Federal (STF), houve debate sobre a capacidade processual de o Ministério Público Estadual (MPE) propor reclamação diretamente no STF.

Houve divergência nessa questão, cujo entendimento era de que o Ministério Público estadual somente poderia ajuizar reclamação caso houvesse a ratificação do Procurador-Geral da República (PGR), pois somente este teria capacidade para atuar junto ao STF (BRASIL, 2011c).

Todavia, prevaleceu a tese de que o MPE pode ajuizar reclamação diretamente no STF, pois o Ministério Público é uma instituição gênero, subdividida em Ministério Público da União e Ministério Público Estadual, possuindo, cada qual, autonomia administrativa e funcional. Entendeu-se que, seja qual for o agente que atue, estará presente o Ministério Público. Outro argumento utilizado foi o de que não há monopólio de representação por parte do procurador-geral, nem hierarquia com relação ao MP estadual.

6.4.1 Terceiros na reclamação

O novo CPC manteve a possibilidade de terceiro interessado impugnar o pedido do reclamante.[67] Deve-se entender por terceiro interessado aquele cujo interesse jurídico possa ser afetado pela decisão proferida na reclamação. O terceiro interessado na reclamação se aproxima da figura do assistente simples litisconsorcial, nos moldes do artigo 124 do nCPC (BRASIL, 2015a).

Marcelo Navarro Ribeiro Dantas esclarece que:

---

[66] "Art. 991. Na reclamação que não houver formulado, o Ministério Público terá vista do processo por 5 (cinco) dias, após o decurso do prazo para informações e para o oferecimento da contestação pelo beneficiário do ato impugnado" (BRASIL, 2015a).

[67] "Art. 990. Qualquer interessado poderá impugnar o pedido do reclamante" (BRASIL, 2015a).

Trata-se de modalidade específica de intervenção de terceiro, voluntária, como foi dito, e principal. O interveniente não ingressa no feito *ad adjuvandum*, mas *principaliter*. Torna-se, em outras palavras, parte, no caso, passiva, porquanto a lei só lhe permite postar-se contra o reclamante, consequentemente, ao lado do reclamado, assumindo, então, papel homólogo ao de litisconsorte deste, mas na condição de assistente litisconsorcial. (DANTAS, 2013, p. 322)

Thereza Celina Diniz de Arruda Alvim faz interessante análise sobre o tema, justificando a sua transcrição:

À luz desse precioso trabalho, vê-se claramente a explicação de por que a situação do interessado que intervém (voluntária, e não necessariamente, frise-se) na reclamação, para impugnar o pedido do reclamante, não configura nem assistência simples, evidentemente não pode ser. O interessado não vai ser afetado apenas de facto (embora em sua esfera jurídica) pela decisão da reclamação. Ele vai ser atingido diretamente em seu direito, representado pela relação jurídica que mantém com o reclamante (adversário do assistido). Ademais, a lide a ser julgada – saber se o ato reclamado é invasivo da competência do tribunal competente para a reclamação, ou descumpre julgado destes – é sua, tanto que a decisão ali proferida vai atingi-la. Então, há um litisconsórcio unitário seja necessário, salvo se, e somente se, houver a possibilidade de um dos litisconsortes unitários legitimar-se extraordinariamente pelos demais. No caso tem-se litisconsórcio unitário, mas não há essa possibilidade de legitimação extraordinária, e a necessariedade foi afastada pela própria lei de regência da matéria, que faculta a intervenção, não o obriga, tanto que não há sequer previsão para que esse interessado seja chamado ao feito. A resposta está, justamente no instituto da assistência litisconsorcial. Um último acréscimo: ao dizer do descabimento da assistência simples, afirmou-se que a decisão da reclamação afeta a relação entre o interessado e o reclamante. Isso é óbvio, quando o reclamante é parte em ação onde, v.g., foi proferida decisão da corte competente para a reclamação, a qual está sendo descumprida, e o assistido é a parte *ex adversa*. Mas, e quando a reclamação é promovida pelo Ministério Público, imaginando-se, mais, não ser este parte numa tal ação, mas apenas, como constitucionalmente obrigado à manutenção da ordem jurídica, está exercendo seu mister? Como justificar a assistência litisconsorcial, nessa hipótese, se "não há" relação jurídica entre o interessado e o Parquet? A resposta não é difícil: nessa hipótese, o Ministério Público estará promovendo a reclamação como legitimado extraordinário do verdadeiro adversário do interessado, e isso é suficiente para respaldar o ingresso deste como assistente litisconsorcial, porque a relação entre eles será decidida na reclamatória. (ALVIM, 1996, p. 225 a 242)

No entanto o código foi silente quanto ao momento próprio para o terceiro impugnar o pedido do reclamante, bem como ao prazo para a impugnação.

A Resolução nº 12/2009 do STJ, revogada pela Emenda Regimental nº 22/2016 do mesmo Tribunal (BRASIL, 2016c), em seu artigo 2º, inciso III, previa que o relator deveria ordenar a "[...] publicação de edital no Diário da Justiça, com destaque no noticiário do STJ na internet, para dar ciência aos interessados sobre a instauração da reclamação, a fim de que se manifestem, querendo, no prazo de trinta dias" (BRASIL, 2009e, p. 1).

Ante a lacuna, entendemos que o prazo para impugnação seja o mesmo prazo de 15 dias concedido ao beneficiário da decisão, assim como o momento próprio para apresentar a impugnação será coincidente com o do beneficiário, se houver, ou após o esgotamento do prazo previsto em edital, se assim for determinado pelo relator.

O novo código, no artigo 138, trouxe a figura do *amicus curie*. Diferentemente do terceiro interessado previsto no procedimento da reclamação, que deve ter interesse jurídico, o *amicus curie* é admitido no processo em razão da relevância da matéria, especificidade do tema e ou repercussão geral da controvérsia. Caberá ao juiz ou ao relator do processo definir os poderes do *amicus curie*.

Dessa forma, além do terceiro interessado previsto no artigo 990, existe a possibilidade de intervenção também do *amicus curie*.

6.5 O pedido e a causa de pedir

O pedido na reclamação será para cassar a decisão exorbitante de seu julgado ou determinar a solução adequada de sua controvérsia (art. 992, novo CPC). Apesar de no texto constar a conjunção "ou", entende-se que o autor poderá cumular as pretensões de forma a cassar a decisão e ainda determinar a solução adequada à controvérsia, quando a situação exigir essas providências. A expressão "cassar", contida no art. 992 (BRASIL, 2015a), deve ser entendida como tornar nula a decisão.

A causa de pedir na reclamação será uma daquelas previstas nos incisos I a IV do art. 988 do novo CPC, quais sejam: a preservação da competência do tribunal; a garantia da autoridade das decisões do tribunal respectivo; a garantia da observância de decisão do Supremo Tribunal Federal (STF) em controle concentrado de constitucionalidade e para garantir a observância de enunciado de súmula vinculante e de acórdão proferido em julgamento de casos repetitivos ou em incidente de assunção de competência (BRASIL, 2015a).

6.6 A competência

O juízo para processar e julgar a reclamação será do tribunal cuja competência se pretenda preservar, ou cuja autoridade da decisão se pretenda garantir. Dessa forma, a competência será determinada a partir da causa de pedir invocada pelo reclamante, dentre as hipóteses previstas no novo CPC.

O Regimento Interno do STF prevê a competência das turmas para processar e julgar a reclamação que vise preservar a competência do tribunal ou garantir a autoridade de suas decisões ou súmulas vinculantes (art. 9º, alínea "c", do Regimento Interno do STF – RISTF). Na hipótese de o objeto da reclamação estiver consolidado na jurisprudência do STF, o relator poderá julgá-la de forma monocrática (art. 161, parágrafo único do RISTF) (BRASIL, 2015d).

6.6.1 Preservação da competência do tribunal – Art. 988, inciso I, do CPC/2015

Na hipótese de preservação de competência do tribunal, o processamento da reclamação será feito naquele tribunal cuja competência foi usurpada.

Conforme já exposto no início deste capítulo, houve enorme debate na doutrina e na jurisprudência sobre a possibilidade de se instituir a reclamação constitucional no âmbito dos tribunais sem que houvesse lei federal que a amparasse, em razão de sua natureza jurídica (natureza processual) denotar competência legislativa privativa da União Federal.

Com a atual redação do §1º do art. 988 (CPC de 2015), a discussão ficou superada, visto que as novas disposições legais preveem a reclamação nos tribunais, sem restringi-las ao STF e ao STJ, considerando expressamente o seu cabimento junto a qualquer tribunal.

Diante da nova realidade, todos os tribunais, incluindo-se tribunais estaduais e federais, poderão instituir a reclamação em seus regimentos internos sem o risco de questionamento sobre a inconstitucionalidade da norma por vício de iniciativa, em razão da ausência de lei de âmbito federal (art. 22, I, da CF/88) (BRASIL, 1988). Dessa forma, caberá reclamação para preservar a competência dos tribunais, seja em decorrência da competência originária, seja em razão da competência recursal.

Certamente a grande dificuldade será quando houver dúvida entre a competência de tribunais que não possuem hierarquia entre si, como por exemplo, Tribunais Regionais Federais (TRF) com Tribunais de Justiça (TJ) e com Tribunais Regionais Eleitorais (TRE).

6.6.2 Garantia da autoridade das decisões jurisdicionais do tribunal – Art. 988, II, do CPC/2015

Quando se fala em garantia da autoridade das decisões jurisdicionais do tribunal, pressupõe-se a existência de descumprimento de um comando judicial. Nesse caso, a competência para conhecer da reclamação será do tribunal que emanou a decisão.

6.6.3 Garantir a observância de enunciado de súmula vinculante

Na hipótese de observância de enunciado de súmula vinculante, a competência será exclusiva do Supremo Tribunal Federal, visto que é o único tribunal autorizado a emitir os enunciados de súmulas vinculantes.

Reitera-se que o STF possui entendimento sedimentado de que não cabe reclamação por ofensa à súmula vinculante editada após a decisão impugnada (BRASIL, 2010e).

6.6.4 Garantir a observância de decisão do STF em controle concentrado de constitucionalidade

Nas hipóteses de garantia de observância de decisão do Supremo Tribunal Federal em controle concentrado de constitucionalidade, a competência para conhecer da reclamação será do próprio STF.

6.6.5 Garantir a observância de acórdãos proferidos em julgamento de IRDR, IAC, repercussão geral e recursos repetitivos

Com o novo Código de Processo Civil, também foi expressamente previsto o cabimento da reclamação para garantir a observância de acórdãos proferidos em incidente de resolução de demandas repetitivas, incidente de assunção de competência, recursos repetitivos e repercussão geral.

Nas referidas hipóteses, a competência para conhecer e processar a reclamação será do tribunal que proferiu o acórdão.

6.7 Do rito da reclamação

O procedimento da reclamação previsto no nCPC traz apenas uma novidade com relação ao rito previsto na Lei de Recursos, que até então regulamentava a reclamação. Com a nova regulamentação, ao despachar a inicial, o relator requisitará as informações à autoridade coatora a quem é atribuída a prática do ato impugnado, e a mesma deverá prestá-las no prazo de 10 dias (inciso I do art. 989). O relator também determinará a citação do beneficiário da decisão impugnada, fixando prazo de 15 dias para que ele apresente a sua contestação (inciso III do art. 989) (BRASIL, 2015a).

No rito da reclamação qualquer interessado poderá impugnar o pedido do reclamante. Quando o Ministério Público não for o reclamante, atuará como *custos legis* no prazo de 5 dias após o decurso do prazo para impugnação do reclamado e contestação do beneficiário.

6.8 Da tutela provisória na reclamação

O novo Código de Processo Civil manteve a redação do artigo 14 da Lei nº 8.038/1990, no que tange às medidas de urgência na reclamação. Na redação do inciso II do artigo 989 do nCPC, há previsão de que o relator, ao despachar a reclamação, ordenará a suspensão do processo ou do ato impugnável para evitar o dano irreparável. Trata-se, evidentemente, do *periculum in mora*. No art. 158 do Regimento interno do STF (RISTF), há previsão de suspensão do processo ou a remessa dos autos ao Tribunal.[68]

O novo CPC traz, no Livro V, a Tutela Provisória, que pode fundamentar-se em urgência ou evidência. Considerando que a reclamação constitucional está inserida no novo Código de Processo Civil, preenchidos os requisitos, seja da tutela de urgência, seja da tutela de evidência, a mesma poderá ser concedida pelo relator (BRASIL, 2015a).

Leonardo L. Morato, quando trata da liminar na reclamação, afirma que, "tratando-se de ação de conhecimento, com natureza mandamental, o processo da reclamação comporta concessão de liminar" (MORATO, 2007, p. 245). Situação diversa é a do mandado de segurança, pois está previsto em lei própria, e o provimento provisório

---

[68] Art. 158, do RISTF: "O Relator poderá determinar a suspensão do curso do processo em que se tenha verificado o ato reclamado, ou a remessa dos respectivos autos ao Tribunal" (BRASIL, 1980).

somente poderá ser concedido nas hipóteses lá previstas, quais sejam, fundamento relevante e o *periculum in mora*.[69]

6.9 Natureza do provimento jurisdicional final na reclamação

De acordo com o art. 992 do NCPC, quando julgada procedente a reclamação, o tribunal cassará a decisão exorbitante de seu julgado ou determinará a medida adequada à solução da controvérsia (BRASIL, 2015a). Na parte final do art. 992, há previsão de determinar medida adequada à solução da controvérsia, razão pela qual a natureza do provimento pode ser verificada em consonância com a medida (adequada) adotada.

Leonardo L. Morato, na obra *Reclamação e sua aplicação para o respeito da súmula vinculante*, expõe:

> Em sendo julgado procedente a reclamação, o órgão julgado pode avocar o conhecimento do processo em que foi verificada a usurpação de sua competência; ordenar que lhe sejam remetidos, com urgência, os autos do recurso interposto (no caso de usurpação de competência); cassar a decisão ou ato exorbitante de julgamento ou da súmula vinculante da Corte; determinar medida adequada à observância de sua jurisdição etc. E, para tanto, poderá o órgão julgador adotar qualquer medida que julgar necessária para impor o cumprimento da sentença da reclamação. (MORATO, 2007, p. 237)

E continua o mesmo autor:

> Ao se julgar procedente a reclamação, determina-se, manda-se, que o réu-reclamado promova o cumprimento da decisão desacatada, ou o respeito da norma de competência desrespeitada, ou o respeito da súmula vinculante, para o que o órgão jurisdicional competente possa se valer de todas as medidas necessárias para pôr fim ao litígio. Trata-se de típica tutela mandamental, porquanto a característica desta é a de que o Estado – na pessoa do juiz – ao sentenciar, desempenha papel de autoridade, dando uma ordem, e não simplesmente substituindo a vontade das partes. (MORATO, 2007, p. 237)

---

[69] Art. 7º, III, Lei nº 12.016/2009: "Ao despachar a inicial, o juiz ordenará: [...] III – que se suspenda o ato que deu motivo ao pedido, quando houver fundamento relevante e do ato impugnado puder resultar a ineficácia da medida, caso seja finalmente deferida, sendo facultado exigir do impetrante caução, fiança ou depósito, com o objetivo de assegurar o ressarcimento à pessoa jurídica" (BRASIL, 2009f).

Pontes de Miranda, nos *Comentários ao Código de Processo Civil*, defende:

A ação de reclamação que rechaça o ato do juiz por invadente da competência do tribunal superior é constitutiva negativa. A ação de reclamação que rechaça o ato do juiz e repele a interpretação que fora dada a decisão sua, no tocante à força e à eficácia, também é constitutiva negativa. A ação de reclamação que rechaça o ato do juiz por ter retardado, materialmente, a cognição pelo tribunal superior, é mandamental. (MIRANDA, 1974, p. 384)

Entende-se que, quando se tratar de reclamação que visa garantir autoridade de decisão, observância de enunciado de súmula vinculante, de decisão do STF em controle concentrado, observância de acórdão em incidente de resolução de demandas repetitivas ou em incidente de assunção de competência, a natureza do provimento jurisdicional que julgar procedente o pedido será mandamental.

Quando se tratar de improcedência do pedido na reclamação, o provimento jurisdicional terá natureza declaratória negativa.

6.10 Recursos e outros meios de impugnação

Conforme já dito, a reclamação constitucional foi inserida no novo Código de Processo Civil (nCPC) brasileiro como política de codificação e com o objetivo de assegurar maior unidade ao sistema processual. A codificação facilita a compreensão e proporciona uma organização sistemática mais acessível, se comparada às leis esparsas. Sendo assim, todos os princípios adotados pelo novo Código de Processo Civil são aplicáveis à reclamação, assim como todos os recursos e prazos nele previstos.

Insta frisar que o novo Código extinguiu os embargos infringentes, cabíveis contra decisão não unânime dos tribunais, bem como o agravo retido, cabível contra decisões não finais no curso do processo, as quais passam a ser combatidas em sede de agravo de instrumento, com o objetivo de proporcionar maior dinâmica ao processo (BRASIL, 2015a). Obviamente que o cabimento de recurso no procedimento da reclamação terá suas variações de acordo com o provimento monocrático ou colegiado.

Na hipótese de decisão monocrática do relator, ao apreciar provimento *in limine litis*, de regra será cabível o recurso de agravo interno, no prazo de 15 dias úteis e os embargos de declaração, no prazo de

5 dias úteis.[70] A decisão definitiva poderá ser acórdão ou decisão monocrática, com os recursos cabíveis de acordo com a natureza da decisão e do tribunal que a proferiu. O prazo será de 15 dias úteis (art. 1.003, §5º), exceto embargos de declaração (art. 1.023), em que o prazo será de 5 (cinco) dias úteis. Os litisconsortes com procuradores diferentes e de escritórios distintos também têm prazo em dobro (art. 229) (BRASIL, 2015a). O Ministério Público (art. 180), a Defensoria Pública (art. 186) e a Fazenda Pública (art. 193) terão prazo em dobro para manifestação, incluindo-se a interposição de recurso, a partir da intimação pessoal do representante legal.[71]

Com relação à decisão final da reclamação, caso proferida pelo órgão colegiado, comportará os embargos de declaração, recurso especial ou recurso extraordinário.[72]

Quando a reclamação for de competência originária do Supremo Tribunal Federal (STF), a decisão monocrática poderá ser impugnada por meio de agravo interno das decisões do relator.[73] Caso seja decisão colegiada, será possível a interposição de embargos de declaração.

Após decorrido o prazo recursal, a decisão final da reclamação comportará ação rescisória, caso se enquadre nas hipóteses previstas no artigo 966 do novo CPC.

---

[70] "Art. 219. Na contagem do prazo em dias, estabelecido por lei ou pelo juiz, computar-se-ão somente os úteis" (BRASIL, 2015a).

[71] §1º do art. 183: "A intimação pessoal far-se-á por carga, remessa ou meio eletrônico" (BRASIL, 2015a).

[72] A Lei nº 13.256/2016 revogou o inciso IV do art. 1.043 do novo CPC, que previa embargos de divergência nos processos de competência originária.

[73] No art. 317 do Regimento Interno do Supremo Tribunal Federal (RISTF), há prevista de Agravo Regimental no prazo de 5 (cinco) dias: "Art. 317. Ressalvadas as exceções previstas neste Regimento, caberá agravo regimental, no prazo de cinco dias de decisão do Presidente do Tribunal, de Presidente de Turma ou do Relator, que causar prejuízo ao direito da parte" (BRASIL, 1980, 2015d).

CAPÍTULO 7

ALGUMAS PARTICULARIDADES RELACIONADAS COM A RECLAMAÇÃO

7.1 A reclamação e os juizados especiais

Questão que já foi controvertida diz respeito ao cabimento de reclamação constitucional em face de decisões proferidas no âmbito dos Juizados Especiais estaduais.

Ressalta-se, de início, que atualmente existem os Juizados Especiais – Lei nº 9.099/95 – os Juizados Especiais Federais – Lei nº 10.259/2001 – e os Juizados Especiais da Fazenda Pública – Lei nº 12.153/2009 (BRASIL, 1995a, 2001, 2009g). No início, houve divergência sobre o cabimento da reclamação no que tange às decisões proferidas nos Juizados Especiais Cíveis.

O STF, ao julgar o RE nº 571.572-BA, acolheu os embargos de declaração (BRASIL, 2009h) para, em caráter excepcional, declarar o cabimento da reclamação prevista no art. 105, I, "f", da CF (LGL\1988\3), fazendo prevalecer a jurisprudência do Superior Tribunal de Justiça (STJ) na interpretação da legislação infraconstitucional, até a criação da turma de uniformização dos juizados especiais estaduais.

Todavia, o Superior Tribunal de Justiça editou a recém-revogada Resolução nº 12, de 14 de dezembro de 2009,[74] que previa expressamente

---

[74] Art. 1º, da Resolução nº 12/2009: "As reclamações destinadas a dirimir divergência entre acórdão prolatado por turma recursal estadual e a jurisprudência do Superior Tribunal

o cabimento da reclamação contra decisão proferida nos referidos juizados quando houvesse divergência com a jurisprudência do STJ, suas súmulas ou orientações decorrentes de julgamento de recursos especiais processados na forma do artigo 543-C do CPC de 1916, instituindo-se o prazo de 15 dias (BRASIL, 2009e).

O Superior Tribunal de Justiça admitiu reclamação em face de decisão de Turma Recursal dos Juizados Especiais dos Estados, com o objetivo de reduzir o valor de multa cominatória demasiadamente desproporcional em relação ao valor final da condenação, por entendê-la teratológica.[75]

Posteriormente, o STJ, interpretando a sua própria resolução, agora revogada, passou a restringir o cabimento da reclamação às hipóteses de divergência da decisão reclamada com precedentes proferidos em julgamento de recurso especial repetitivo ou com enunciado da súmula de sua jurisprudência. Em complemento, passou a limitar o cabimento da reclamação na hipótese de divergência com o direito material, não admitindo divergência como relação ao direito processual.

No julgamento dos embargos de declaração na Reclamação nº 5053-SP, o Superior Tribunal de Justiça (STJ) o recebeu como agravo regimental e adotou o entendimento de que a reclamação prevista na Resolução nº 12/2009 tem natureza recursal.[76]

Na doutrina já havia posicionamento pela inconstitucionalidade da Resolução nº 12/2009 sob o fundamento de que a competência para legislar sobre o direito processual é privativa da União Federal e por meio de lei. Outrossim, o mesmo STJ não admitia reclamação contra

---

de Justiça, suas súmulas ou orientações decorrentes do julgamento de recursos especiais processados na forma do art. 543-C do Código de Processo Civil serão oferecidas no prazo de quinze dias, contados da ciência, pela parte, da decisão impugnada, independentemente de preparo" (BRASIL, 2009e).

[75] "Direito processual civil. Reclamação para diminuição do valor da astreinte fixada por turma recursal. Cabe reclamação ao STJ, em face de decisão de Turma Recursal dos Juizados Especiais dos Estados ou do Distrito Federal, com o objetivo de reduzir o valor de multa cominatória demasiadamente desproporcional em relação ao valor final da condenação. Isso porque, nessa situação, verifica-se a teratologia da decisão impugnada. De fato, o STJ entende possível utilizar reclamação contra decisão de Turma Recursal, enquanto não seja criada a Turma Nacional de Uniformização de Jurisprudência dos Juizados Especiais dos Estados e do Distrito Federal, nos casos em que a decisão afronte jurisprudência pacificada em recurso repetitivo (art. 543-C do CPC) ou em súmula do STJ, ou, ainda, em caso de decisão judicial teratológica" (BRASIL, 2014b).

[76] EDcl Rcl. nº 5053-SP: "Assim, em vista da natureza recursal ostentada pela reclamação prevista na Resolução nº 12/2009, não é possível se admitir que com o manejo de uma só reclamação se busque a reforma de diferentes acórdãos, proferidos em diferentes ações" (BRASIL, 2011d).

decisão do Juizado Federal e do Juizado da Fazenda Pública, visto existir nas respectivas leis o mecanismo do incidente de uniformização de jurisprudência.[77] Eduardo José da Fonseca Costa, nos *Breves Comentários sobre o Novo Código de Processo Civil*, opinou:

> Questão difícil é sustentar a compatibilidade entre o CPC de 2015 e a Res. STJ 12/2009 (que dispõe sobre o processamento das reclamações destinadas a dirimir divergência entre acórdão prolatado por turma recursal estadual e a jurisprudência da Corte). Afinal, o CPC de 2015 não prevê as feições gritantemente coletivizantes – e as vezes arbitrárias – que a predita resolução (que é ato infralegal) deu a esse específico tipo de reclamação [...] Daí a conveniência da *vacatio legis* de 1 (um) ano fixada no art. 1.045: no decorrer desse tempo, os tribunais poderão revisar ou inserir o regramento da reclamação em seus regimentos internos e, se o caso, em suas resoluções internas. (COSTA, 2015, p. 2.204)

Recentemente, o STJ, por meio da Emenda Regimental nº 22, de 16 de março de 2016, revogou expressamente a Resolução nº 12/2009 (BRASIL, 2016c). Entendemos que, com a entrada em vigor do nCPC, a reclamação também poderá ser aplicada às decisões proferidas pelos Juizados Especiais, considerando que se trata de uma garantia constitucional cujo objetivo é dar uniformidade ao sistema jurídico e aos precedentes, assim como preservar a competência dos tribunais.

Em 08 de abril de 2016, o Superior Tribunal de Justiça publicou a Resolução STJ/GP nº 3, de 07 de abril de 2016, onde dispõe sobre a competência para processar e julgar as reclamações destinadas a dirimir divergência entre decisão prolatada por turma recursal estadual e do DF e a jurisprudência do STJ.

Na referida Resolução o art. 1º dispõe: "Art. 1º Caberá às Câmaras Reunidas ou à Seção Especializada dos Tribunais de Justiça a competência para processar e julgar as Reclamações destinadas a dirimir divergência entre acórdão prolatado por Turma Recursal Estadual e do Distrito Federal e a jurisprudência do Superior Tribunal de Justiça, consolidada em incidente de assunção de competência e de resolução de demandas repetitivas, em julgamento de recurso especial repetitivo

---

[77] AgRg Rcl. nº 6.016-DF: "Incabível a presente reclamação. No âmbito dos juizados especiais federais, há previsão legal de pedido de uniformização de jurisprudência para a Turma Nacional de Uniformização – TNU, nos termos do art. 14 da Lei nº 10.259/01. Precedente: AgRg na Rcl 5.510/DF, Rel. Ministro Arnaldo Esteves Lima, Primeira Seção, DJe 17.6.2011" (BRASIL, 2011e).

e em enunciados das Súmulas do STJ, bem como para garantir a observância de precedentes".

Com a Resolução nº 03/2016, o STJ passou a admitir expressamente a reclamação contra as decisões das turmas recursais dos Juizados Estaduais e do Distrito Federal, regulados pelo rito da Lei nº 9.099/95. Todavia, atribuiu a competência para processa e julgar as reclamações destinadas a dirimir divergência entre acórdão prolatado por turma recursal aos tribunais de justiça, especificando que caberiam às câmaras reunidas ou à seção especializada das referidas cortes estaduais.

Recentemente, apesar do teor da Resolução nº 03/2016, a Ministra Laurita Vaz, admitiu a reclamação no próprio STJ, afastando expressamente a aplicação da referida resolução, nos seguintes termos: "Inicialmente, ressalto que aqui não se trata de aplicação da Resolução/STJ nº 03, de 08.04.2016, porque o Reclamante pretende garantir a autoridade de decisão desta Corte nos termos do art. 988, inciso II, do novo Código de Ritos." Rcl. nº 31.765, Ministra Laurita Vaz, *DJe* de 02.08.2016.

De outro lado, a maioria das decisões do STJ estão aplicando a Resolução nº 03/2016, não conhecendo ou remetendo a reclamação apresentada ao STJ aos Tribunais de Justiça estaduais. Nesse sentido Rcl. nº 032097, Ministro Marco Buzzi, *DJe* 22.08.2016; Rcl. nº 032431, Ministro Luis Felipe Salomão, *DJe* 19.08.2016; Rcl. nº 032214, Ministro Paulo de Tarso Sanseverino, *DJe* 08.08.2016; Rcl. nº 032165, Ministro Moura Ribeiro, *DJe* 09.08.2016; Rcl. nº 032155, Ministra Laurita Vaz, *DJe* 03.08.2016; Rcl. nº 032154, Ministra Laurita Vaz, *DJe* 03.08.2016.

Com relação à possibilidade da reclamação no âmbito dos Juizados Especiais Federais e da Fazenda Pública, o STJ tem mantido a orientação antes da vigência do CPC de 2015, no sentido do não cabimento, por entender que existe mecanismo próprio para a solução das alegadas divergências jurisprudenciais. Nesse sentido AgRg na Rcl. nº 30485/SP, *DJe* de 14.06.2016.

7.2 A reclamação e a Fazenda Pública

A Fazenda Pública possui algumas prerrogativas processuais, tais como a remessa necessária, prazos maiores para contestar e recorrer, assim como a intimação pessoal do procurador.

Com a vigência do novo CPC, alguns pontos relacionados à Fazenda Pública em juízo foram alterados. A remessa necessária foi mantida pelo novo CPC, mais especificamente no artigo 496. Todavia, as hipóteses de remessa necessária foram reduzidas, na medida em que estão previstas novas exceções à regra. Por exemplo, no CPC de 1916, a remessa necessária não se aplicava em condenações de até 60 (sessenta) salários mínimos. No CPC de 2015, estipulou-se o valor de 1.000 salários mínimos para a União, 500 para os Estados e Distrito Federal e 100 para os Municípios.

Além do critério do valor, criaram-se novas hipóteses nas quais a remessa necessária não será utilizada. Enquanto no CPC de 1916 (art. 475, §3º) não se aplicava a remessa necessária quando a sentença estivesse fundada em jurisprudência do plenário do STF ou em súmula do STF e do STJ, o novo Código passou a excepcionar a remessa para as hipóteses de súmula de Tribunal Superior, acórdão do STF e STJ em julgamento de recursos repetitivos. Esse entendimento foi firmado em incidente de resolução de demandas repetitivas (IRDR) ou de assunção de competência e quando houve entendimento coincidente com orientação vinculante firmada no âmbito administrativo do próprio ente público, consolidada em manifestação, parecer ou súmula administrativa.

Como se sabe, a remessa necessária não se aplica à reclamação, visto que a competência originária da mesma será sempre de um tribunal, não havendo que se falar em sentença.

Com relação aos prazos processuais, os mesmos também sofreram alterações relevantes. Enquanto no CPC de 1916 a Fazenda Pública possuía prazo em dobro para recorrer e em quádruplo para contestar (art. 188),[78] no CPC de 2013, no art. 183, instituiu-se o prazo em dobro para todas as manifestações processuais. Sendo assim, pode-se exemplificar que o prazo para contestar da Fazenda Pública deixa de ser quádruplo para ser em dobro, ou seja, 30 dias. O art. 219, por sua vez, estabelece que na contagem dos prazos em dias, somente serão computados os dias úteis.

O art. 183 também se aplica aos recursos e, diferentemente do regime anterior, o prazo em dobro se aplica também para a resposta dos recursos. Um exemplo que podemos citar refere-se ao prazo para resposta do agravo interno. Enquanto no código revogado o prazo para resposta era de 5 dias para Fazenda Pública, atualmente será de 30 dias úteis.

Vale destacar que, conforme o novo Código de Processo Civil, o benefício da contagem em dobro do prazo não se aplica quando a lei

---

[78] "Art. 188. Computar-se-á em quádruplo o prazo para contestar e em dobro para recorrer quando a parte for a Fazenda Pública ou o Ministério Público."

estabelecer, de forma expressa, o prazo para o ente público (BRASIL, 2015a). Como exemplo, pode-se citar a Lei nº 4.717/1965, que prevê, em seu art. 7º, inciso IV, o prazo de 20 (vinte) dias para contestar a ação popular (BRASIL, 1965b).

Outra alteração relevante diz respeito à intimação pessoal do representante da Fazenda Pública. Com o novo Código, a contagem dos prazos tem início a partir da intimação pessoal do representante da Fazenda Pública, que pode ser feita por carga, remessa ou meio eletrônico. Na prática, houve alteração apenas para as Fazendas Públicas Estadual e Municipal, visto que essa prerrogativa já era assegurada à Fazenda Pública Federal por meio de lei própria.[79]

No que se refere especificamente à reclamação, pode-se considerar que a intimação pessoal do representante da Fazenda Pública deve ser observada.

No que tange aos prazos, entende-se que o prazo de 10 dias para a autoridade não sofre a influência do prazo em dobro previsto no art. 183. Outrossim, o prazo de 15 (quinze) dias para apresentar contestação, quando se referir à Fazenda Pública, deverá ser computado em dobro. Dessa forma, o prazo para a Fazenda Pública contestar a reclamação será de 30 dias úteis. Os prazos em dobro também deverão ser observados na hipótese de interposição de recurso no procedimento da reclamação constitucional.

---

[79] Lei nº 9.028, de 12 de abril de 1995, cujo artigo 6º assim estabelece: "A intimação de membro da Advocacia-Geral da União, em qualquer caso, será feita pessoalmente" (BRASIL, 1995b).

CAPÍTULO 8

A RECLAMAÇÃO E A DURAÇÃO RAZOÁVEL DO PROCESSO DIANTE DO AUMENTO DO NÚMERO DE AÇÕES DESSA NATUREZA E OS RECURSOS INERENTES AO PROCEDIMENTO

A demora na conclusão dos processos judiciais é um fenômeno mundial. Em países democráticos, o Poder Judiciário é a última instância para se assegurar a paz social. Nessa linha, o Estado, como detentor da jurisdição, tem sido cada vez mais acionado para resolver os conflitos de interesses.

Após pesquisas feitas em outros países considerados de primeiro mundo, como Inglaterra, Estados Unidos, Alemanha, Itália e Espanha, identificou-se grande insatisfação da população com o Poder Judiciário, tendo como o principal fator a demora na finalização dos processos. Não obstante, o direito a julgamento célere está assegurado em diversos textos legislativos.

A Convenção Europeia para Salvaguarda dos Direitos do Homem e das Liberdades Fundamentais foi assinada em Roma, no ano de 1950. O documento, considerado o primeiro diploma legal que reconheceu esse direito, estabelece, no inciso I do seu art. 6º, que

> Toda pessoa tem direito a que sua causa seja examinada equitativa e publicamente num prazo razoável, por um tribunal independente e imparcial instituído por lei, que decidirá sobre seus direitos e obrigações civis ou sobre o fundamento de qualquer acusação em matéria penal contra ela dirigida. (OEA, 1950)

No Brasil, o legislador constituinte originário não contemplou de forma expressa o direito à razoável duração do processo, não obstante a incorporação do Pacto de San José da Costa Rica, assinado em 22 de novembro de 1969. Somente em 1992, foi criado o Decreto nº 678/92 (BRASIL, 1992).

O art. 8º, item 1, do Pacto de San José da Costa Rica, prevê o direito à razoável duração do processo nos seguintes termos:

> Toda pessoa tem direito de ser ouvida com as devidas garantias e dentro de um prazo razoável, por um juiz ou tribunal competente, independente e imparcial, instituído por lei anterior, na defesa de qualquer acusação penal contra ele formulada, ou para a determinação de seus direitos e obrigações de ordem civil, trabalhista, fiscal ou de qualquer outra natureza. (OEA, 1969)

Com o advento da Carta Magna de 1988, houve considerável ampliação dos direitos e garantias individuais e coletivas que, somados ao crescimento populacional, resultaram em significativo aumento das demandas judiciais.

A demora na solução dos litígios é um problema reconhecido por todos e tem se agravado ainda mais nos últimos tempos, com altas taxas de congestionamento processual. Hoje o Brasil tem uma das maiores taxas de congestionamento do mundo.

De acordo com o Instituto Avante Brasil, com base em dados do Conselho Nacional de Justiça (CNJ), a taxa de congestionamento no país gira em torno de 70%, desde 2004 (GOMES; BUNDUKY, 2011). Significa dizer que, em média, de cada 100 ações que ingressam anualmente, somente 30 (trinta) são julgadas.

O Anuário da Justiça Brasil 2014, divulgado no mês de junho de 2014, revelou que tramitam no país 92,2 milhões de processos, o que representa uma taxa de crescimento de 10,6% nos últimos 4 (quatro) anos, com mais de 28 milhões de ações ajuizadas todos os anos. Desse total, 51% das ações figuram como partes o setor público em seus três níveis de governo, seguidos das instituições financeiras no setor privado, com 38% das demandas (CONJUR, 2014).

Há de se destacar, ainda, a indesejável prática de alteração do texto constitucional com a finalidade de enxertar matérias que não possuem afinidade/natureza constitucional, o que repercute diretamente no Supremo Tribunal Federal (STF), em razão da sua competência para julgamento de recursos relativos às matérias constitucionais (HOLLI-DAY, 2011).

Nas turmas do STF, no ano de 2012, foram julgados 10.848 processos, e em 2013, 11.658 processos. Na Suprema Corte dos Estados Unidos da América (EUA) tramita, por ano, uma média de 100 processos.

Conforme demonstrado, a taxa de congestionamento do sistema judiciário brasileiro, no ano de 2014, continua em 70%, e o número de processos julgados pelo Supremo Tribunal Federal anualmente continua na casa dos milhares. Nos últimos 4 (quatro) anos houve uma taxa de crescimento de 10,6%, com mais de 28 milhões de ações ajuizadas todos os anos.

Diante do problema crescente, é comum se ouvir falar em falta de estrutura do Poder Judiciário, especialmente atribuída ao número insuficiente de juízes, somando-se à cultura de litígio existente, especialmente do Poder Público, o que obriga à busca de algumas alternativas para minimizar o problema.

Dentre as principais alterações no sistema jurídico nacional na última década, uma das mais representativas foi a Emenda Constitucional (EC) nº 45, de 8 de dezembro de 2004, denominada Reforma do Judiciário.

Com a referida emenda, foi instituído o Controle Externo do Judiciário e do Ministério Público, por meio do Conselho Nacional de Justiça (CNJ) e do Conselho Nacional do Ministério Público (CNPM), respectivamente. Foram extintos os Tribunais de Alçada, inseriu-se o Princípio da Duração Razoável do Processo e a Repercussão Geral como requisito de admissibilidade do recurso extraordinário e criou-se a Súmula Vinculante no Supremo Tribunal Federal, entre outras alterações (BRASIL, 2004a).

A súmula vinculante foi regulamentada pela Lei nº 11.417/2006, que disciplinou a edição, a revisão e o cancelamento de enunciado de súmula vinculante pelo Supremo Tribunal Federal (STF), com o claro objetivo de limitar o número de recursos em matérias já sedimentadas naquele Tribunal (BRASIL, 2006a).

Após quase 9 (nove) anos de vigência da Lei nº 11.417/2006, foram editadas 53 súmulas vinculantes.[80]

O novo Código de Processo Civil brasileiro (nCPC) incorporou vários Princípios Constitucionais ao seu texto, dentre os quais o da Duração Razoável do Processo[81] e passou a prever, também, um capítulo específico para tratar do instituto da Reclamação.

---

[80] Mês de referência: setembro de 2015.
[81] Art. 4º, do Projeto do novo CPC. "Art. 4º As partes têm direito de obter em prazo razoável a solução integral do mérito, incluída a atividade satisfativa" (BRASIL, 2015a).

Visualiza-se a existência de um paradoxo que merece reflexão: após a criação de diversos mecanismos com o propósito de "filtrar" as demandas e diminuir o número de recursos aos tribunais, especialmente aos Tribunais Superiores, com o intuito de proporcionar maior segurança jurídica, observa-se o alargamento das hipóteses de cabimento da reclamação constitucional, com o CPC de 2015, assim como a ampliação do seu cabimento a todos os tribunais.

Interessante observar, por exemplo, que, servindo a reclamação para preservar a autoridade das súmulas vinculantes, e, diante da tendência de criação de novos enunciados, é natural o aumento do número de reclamações, especialmente no Supremo Tribunal Federal. Forçoso concluir que as hipóteses de cabimento da reclamação são dinâmicas, na medida em que se editem novas súmulas vinculantes.

Essa preocupação também já foi explicitada por Ricardo de Barros Leonel, na obra *Reclamação Constitucional*, conforme trechos destacados a seguir:

> Houve, e ainda parece existir, uma resistência considerável ao instituto da reclamação constitucional, bem como ao incremento com relação ao seu emprego. Essa nem sempre declarada, por assim dizer, 'aversão', tem sua razão de ser em uma preocupação.
>
> Trata-se do temor de que o incremento na utilização da reclamação constitucional gere uma distorção junto ao STF e ao STJ. Essa deturpação residiria no aumento vertiginoso do número de reclamações ajuizadas, rendendo ensejo a uma massa de feito que ambas as Cortes de Superposição não teriam condições de gerir adequadamente.
>
> [...]
>
> Em última análise, o que se tem buscado com as inovações relacionadas ao tema (decisões proferidas no controle concentrado de constitucionalidade, súmula vinculante, julgamento de 'casos-modelo' nos chamados recursos repetitivos extraordinários e especiais, decisões monocráticas do relator com amparo em jurisprudência dominante ou sumulada, súmula impeditiva de recursos etc.) é, de um lado, prestigiar a isonomia na aplicação da Lei e, por consequência, a segurança jurídica, a previsibilidade, a confiança e credibilidade da Justiça. Mas também se tem buscado, a partir da premissa de que o sistema processual pode funcionar melhor com o prestígio aos precedentes, a racionalização na dinâmica processual e da própria atividade do Poder Judiciário.
>
> [...]
>
> Eis então o temor e o paradoxo: o risco no sentido de a cultura dos jurisdicionados e dos profissionais do foro (juízes, advogados, membros do Ministério Público, defensores públicos etc.) não se amoldar a essa nova realidade, e, por inúmeras razões (convicção, desconhecimento,

A RECLAMAÇÃO E A DURAÇÃO RAZOÁVEL DO PROCESSO DIANTE DO AUMENTO DO NÚMERO DE AÇÕES...

insistência pura e simples etc.), continuarem sendo proferidas decisões, em instâncias inferiores da Justiça, que não observem os precedentes dominantes ou vinculantes; ou até mesmo persistir a interposição de recursos contra julgados que tiverem acolhido aquelas posições consolidadas. Nessa linha também residiria a insistência da administração pública em desatender súmulas vinculantes ou decisões proferidas em ações diretas de inconstitucionalidade, declaratórias de constitucionalidade, ou em arguições de descumprimento de preceito fundamental. (LEONEL, 2011, p. 281-283)

A mesma preocupação já foi externada pelo Ministro Luis Roberto Barroso, em voto proferido na Reclamação nº 11.427-MG, em processo que se discute a possibilidade de utilização da reclamação com relação à decisão sobre repercussão geral:

Não podemos admitir que as reclamações atinjam um número anteriormente assumido pelo recurso extraordinário. Ao admitir, em tese, o cabimento de reclamação, é preciso ter em conta que a repercussão geral foi criada para funcionar como um filtro que limitasse os recursos. Se adotarmos uma interpretação que, em lugar de um número espantoso de recursos, passemos a ter um número espantoso de reclamações, teremos trocado seis por meia dúzia. (BRASIL, 2011)

A questão cultural no Brasil também foi objeto de análise por Sérgio Massaro Takoi, na obra *Reclamação Constitucional*, conforme o seguinte trecho destacado:

Infelizmente, na 'democracia' brasileira, o respeito à autoridade das decisões proferidas pela Corte Suprema não tem sido levado a sério, em especial, pelos demais juízes e tribunais, bem como pela administração pública, o que, em outros países, como nos Estados Unidos – diferentemente do que ocorre aqui – se constitui como força obrigatória, sendo impensável a possibilidade de desacato por parte de cortes inferiores, até porque o cumprimento do decidido é espontâneo por parte dos destinatários do precedente, não havendo, portanto, a necessidade de nenhum instrumento específico para afirmar aquela autoridade em razão da vetusta tradição do *stare decisis*. (TAKOI, 2013, p. 190-191)

No gráfico a seguir, demonstra-se o aumento do volume de reclamações distribuídas no Supremo Tribunal Federal (STF), tomando como ponto de partida o ano de 2002, e chegando até o ano de 2015.

GUSTAVO CALMON HOLLIDAY
A RECLAMAÇÃO CONSTITUCIONAL NO NOVO CPC

Figura 1 – Reclamações no STF, de 2002 a 2015

RECLAMAÇÕES DISTRIBUÍDAS NO STF

	2002	2003	2004	2005	2006	2007	2008	2009	2010	2011	2012	2013	2014	2015
Série 1	202	275	491	933	837	465	1265	2214	1259	1801	1886	1862	2353	3234

Colunas1
Colunas2

Fonte: BRASIL, 2016d.

Quadro 1 – Súmulas vinculantes, de 2007 a 2015

ANO	SÚMULAS VINCULANTES	TOTAL
2007	1, 2 e 3	3 súmulas
2008	4 a 13	10 súmulas
2009	14 a 27	14 súmulas
2010	28 a 31	4 súmulas
2011	32	1 súmula
2012	não houve	0
2013	não houve	0
2014	33 a 37	5 súmulas
2015	38 a 53	16 súmulas

Fonte: BRASIL, 2016d.

Com base nas informações apresentadas por meio do Gráfico 1 e do Quadro 1, pode-se concluir que, após o ano de 2007, quando foram editadas as 3 (três) primeiras súmulas vinculantes, o número de reclamações ultrapassou a casa de 1.000 (mil) ações distribuídas no STF. Em 2008, foram editadas as súmulas vinculantes de 4 a 13, e no ano de 2009, de 14 a 27.

No ano de 2014, foram editadas as súmulas 33, 34, 35, 36 e 37. No ano de 2015, foram editadas 16 súmulas no total, quais sejam, da 38ª a 53ª. Observa-se, em consonância com o Gráfico 1, que o aumento do número de reclamações no STF é diretamente proporcional ao número de súmulas vinculantes, que foi descrito no Quadro 1.

Dessa forma, apesar da restrição aos recursos extraordinários, mediante a criação de um novo requisito de admissibilidade, qual seja, a repercussão geral, de outro lado nota-se o aumento do volume de reclamações nesse mesmo Tribunal.

Com a vigência do novo Código de Processo Civil, em março de 2015, ampliaram-se as hipóteses de cabimento da reclamação, o que certamente impactará o aumento do volume de ações dessa natureza e os recursos dela decorrentes, tanto no STF quando nos demais tribunais.[82]

Apesar de haver entendimento acerca do fato de que a reclamação consiste em um instituto moderno e necessário para a realidade do sistema jurídico brasileiro, existe uma real preocupação com a banalização do instituto. Tal banalização pode influenciar no aumento do acervo de processos nos tribunais, de forma a comprometer todos os esforços até então empreendidos para a diminuição do volume de demandas, de forma a possibilitar julgamentos mais céleres, bem como a maior efetividade, condizente com o Princípio Constitucional da Duração Razoável do Processo.

Caso o aumento do número de reclamações, após a vigência do novo Código de Processo Civil seja substancial de forma a comprometer o bom funcionamento da Justiça, deverão ser criados mecanismos para restringir o cabimento da reclamação, especialmente no âmbito do Supremo Tribunal Federal (STF).

Antes mesmo da entrada em vigor do novo Código de Processo Civil, a Lei nº 13.256/2016 alterou alguns dispositivos que tratam da

---

[82] A reclamação ganha, no novo CPC, um *status* jamais visto no sistema brasileiro. Servirá, para além de preservar a competência do STF e garantir a autoridade de suas decisões (art. 102, I, "l", da CF), também para assegurar a observância das decisões em controle concentrado de constitucionalidade, de enunciado de súmula vinculante e de precedente proferido em julgamento de casos repetitivos (art. 985, III e IV, CPC/2015). Mas, competindo a sua apreciação diretamente ao órgão jurisdicional cuja autoridade se pretenda garantir, não há risco de que esse atalho multiplique o número de reclamações no STF? Não há risco de que o sucedâneo da reclamação se converta em verdadeiro recurso *per saltum*, concentrando no STF o controle de todas as decisões judiciais do país proferidas em desconformidade com suas decisões em controle concentrado, suas súmulas e seus precedentes em recursos repetitivos? O problema é especialmente relevante, considerando que o novo CPC declara vinculantes os precedentes, mas não estipula sanções àqueles que não observam tal força vinculante, deixando todo o trabalho para a reclamação (DELLORE *et al.*, 2015).

reclamação, acrescentando, entre as hipóteses de inadmissibilidade, a observância de acórdão de recurso extraordinário com repercussão geral reconhecida ou de acórdão proferido em julgamento de recurso extraordinário ou especial repetitivo, quando são esgotadas as instâncias ordinárias.

A possibilidade de reclamação relativamente à repercussão geral está sob julgamento no STF, nos autos da Reclamação nº 11.427-MG. A favor do seu não conhecimento, já se somavam 4 votos a 1, confirmando, assim, o que já havia sido decidido na Rcl. nº 7.569-SP, cuja Relatora foi a Ministra Ellen Gracie. Nesse processo, foi firmado o entendimento de que não caberia reclamação para correção de eventual equívoco na aplicação do regime da repercussão geral.

Diante da nova redação, entende-se que a questão fica superada para as reclamações ajuizadas após a vigência do novo Código de Processo Civil.

CONCLUSÕES

1. A reclamação surgiu na jurisprudência do Supremo Tribunal Federal em 1952, passando por sua positivação em seu regimento interno, na Constituição de 1988, na regulamentação pela Lei nº 8.038/90, até a sua previsão no novo Código de Processo Civil, no ano de 2015.

2. Apesar de os países terem os seus próprios meios para garantir o cumprimento das decisões judiciais e preservarem as competências dos Tribunais, não foi identificado um instituto similar à Reclamação Constitucional existente no Brasil. Conclui-se, dessa forma, que a Reclamação é um instituto genuinamente brasileiro, existindo, em alguns ordenamentos, outras ferramentas que se assemelham à reclamação em pontos isolados, mas nenhuma delas com a mesma abrangência.

3. A natureza jurídica da reclamação constitucional sempre foi um dos maiores dilemas para a doutrina e para a jurisprudência. No entanto, com a nova disciplina da reclamação no Código de Processo Civil de 2015, instituído pela Lei nº 13.115/2015, e sendo esta lei de origem federal, a tendência é diminuir a controvérsia quanto a esse aspecto, visto perder o sentido de sua origem para definição da competência legislativa.

4. A reclamação foi introduzida no novo Código de Processo Civil (Lei nº 13.115/2015) com a finalidade de tornar mais célere o processo e, ao mesmo tempo, proporcionar maior segurança jurídica, na medida em que existe um instrumento para resguardar a autoridade das decisões dos Tribunais, especialmente os precedentes vinculantes. O instituto da reclamação tem um papel importante na sistemática processual, pois também visa preservar a competência dos Tribunais.

5. A inserção da reclamação constitucional no bojo do novo Código de Processo Civil, como política de codificação, apresenta-se como positiva, visto que assegura maior unidade, possibilitando a criação de um sistema jurídico organizado. A codificação auxilia a compreensão, diante da facilidade de consulta mais rápida e lógica das leis. O Código proporciona uma organização mais acessível, se comparado às leis esparsas.

6. Além da preservação da competência e da garantia da autoridade das decisões dos tribunais, o novo Código de Processo Civil acrescentou e explicitou as hipóteses de cabimento, tais como: a garantia da observância de decisão do Supremo Tribunal Federal em controle concentrado de constitucionalidade; a garantia da observância de enunciados de súmula vinculante e de acórdãos proferidos em julgamento de casos repetitivos e em incidente de assunção de competência, além da ampliação a todos os tribunais.

7. A reclamação, da forma como está disposta no novo Código de Processo Civil, tem como objetivo maior a garantia da efetividade da tutela jurisdicional, tornando-se instrumento processual que visa resguardar as decisões e as competências dos tribunais, sendo considerada a garantia das garantias.

8. A reclamação é um importante instrumento para garantir o cumprimento das decisões e preservar a competência dos tribunais, bem como garantir os precedentes e as súmulas vinculantes, possibilitando maior estabilidade ao sistema jurídico. Ao contrário dos países do sistema jurídico da *common law*, no Brasil ainda não se tem a cultura de obediência aos precedentes, sendo salutar a existência de um mecanismo à disposição do jurisdicionado, para assegurar o cumprimento dos mesmos.

9. Com a previsão de novas hipóteses de cabimento da reclamação, e com a ampliação de competência a todos os tribunais, há uma real preocupação com o impacto decorrente do aumento do número de ações dessa natureza e respectivos recursos, em especial com relação à competência originária do Supremo Tribunal Federal.

REFERÊNCIAS

ALVIM, Eduardo Arruda. *Mandado de Segurança no Direito Tributário*. São Paulo: Revista dos Tribunais, 1998.

ALVIM, Thereza Celina Diniz de Arruda. *O direito processual de estar em juízo*. São Paulo: Revista dos Tribunais, 1996. v. 1.

ASSIS, Araken de. *Manual dos recursos*. 3. ed. São Paulo: Revista dos Tribunais, 2011.

BRASIL. Constituição dos Estados Unidos do Brasil (de 18 de setembro de 1946). *Diário Oficial [da] República dos Estados Unidos do Brazil*, Poder Executivo, Rio de Janeiro, RJ, 19 set. 1946. Disponível em: <http://www.planalto.gov.br/ccivil_03/Constituicao/Constitui cao46.htm>. Acesso em: 9 out. 2015.

BRASIL. Supremo Tribunal Federal (STF). Recursos. Preceitos processuais impróprios de leis de organização judiciária dos estados. Rejeição de embargos. Recursos novos suscitados por legislação estadual. Dir. Processual civil. Recurso Extraordinário RE nº 11543. Rel.: Orozimbo Nonato. Julgamento: 31 dez. 1969. *DJ*, 22 jun. 1950. Disponível em: <http://stf.jusbrasil.com.br/jurisprudencia/645624/recurso-extraordinario-re-11543>. Acesso em: 2 dez. 2015.

BRASIL. Lei nº 4.737, de 15 de julho de 1965. Institui o Código Eleitoral. *Diário Oficial [da] República Federativa do Brasil*, Brasília, DF, 19 jul. 1965a. Disponível em: <http://www.planalto.gov.br/ccivil_03/leis/L4737.htm>. Acesso em: 28 set. 2015.

BRASIL. Lei nº 4.717, de 29 de junho de 1965. Regula a ação popular. *Diário Oficial [da] República Federativa do Brasil*, Brasília, DF, 5 jul. 1965b Disponível em: <http://www.planalto.gov.br/ccivil_03/leis/L4717.htm>. Acesso em: 12 out. 2015.

BRASIL. Constituição da República Federativa do Brasil de 1967. *Diário Oficial [da] República Federativa do Brasil*, Brasília, DF, 24 jan. 1967. Disponível em: <http://www.planalto. gov.br/ccivil_03/Constituicao/Constituicao67.htm>. Acesso em: 9 out. 2015.

BRASIL. Constituição de 1967. Emenda Constitucional nº 1, de 17 de outubro de 1969. Edita o novo texto da Constituição Federal de 24 de janeiro de 1967. *Diário Oficial [da] República Federativa do Brasil*, Brasília, DF, 20 out. 1969a. Disponível em: <http://www. planalto.gov.br/ccivil_03/Constituicao/Emendas/Emc_anterior1988/emc01-69.htm>. Acesso em: 10 ago. 2015.

BRASIL. Decreto-Lei nº 1.002, de 21 de outubro de 1969. Código de Processo Penal Militar. *Diário Oficial [da] República Federativa do Brasil*, Brasília, DF, 21 out. 1969b (retificado em 21.01.1970, retificado em 23.01.1970 e retificado em 28.01.1970). Disponível em: <http:// www.planalto.gov.br/ccivil_03/decreto-lei/Del1002.htm>. Acesso em: 10 ago. 2015.

BRASIL. Supremo Tribunal Federal (STF). Reclamação – Natureza Jurídica – Cabimento – Pressupostos – Finalidade. 1. A finalidade da reclamação *é* a de preservar a integridade da competência do Supremo Tribunal Federal ou assegurar a autoridade do seu julgado. 2. Terminada a instância, isto *é*, entregue a prestação jurisdicional e pôsto têrmo *à* relação processual, não se há de falar em reclamação. 3. São pressupostos da reclamação: a) a existência de uma relação processual em curso; e b) um ato que se ponha contra a competência do Supremo Tribunal ou contrarie decisão dêste proferida nessa reclamação processual ou em relação processual que daquela seja dependente. 4. Não cabe reclamação, uma vez que não haja ato processual contra o qual se recorra, mas um ato administrativo, que, se violento ou ilegal, tem por remédio ação própria, inclusive mandado de segurança. 5. Reclamação não conhecida. Reclamação nº 831 - DF (tribunal pleno). Gilberto Marinho e outros, e Ministério do Exército. Rel.: Min. Amaral Santos. Julgamento: 11 nov. 1970. *Revista Trimestral de Jurisprudência*, n. 56, maio. 1971. Disponível em: <http://www.stf.jus.br/arquivo/cms/publicacaoRTJ/anexo/056_2.pdf>. Acesso em: 30 set. 2015.

BRASIL. Supremo Tribunal Federal. Regimento Interno. *Diário Oficial [da] República Federativa do Brasil*, Brasília, DF, 27 out. 1980. Disponível em: <http://www.stf.jus.br/ar quivo/cms/legislacaoRegimentoInterno/anexo/RISTF_1980.pdf>. Acesso em: 17 set. 2015.

BRASIL. Supremo Tribunal Federal. Reclamação. Instituto que nasceu de uma construção pretoriana, visando a preservação, de modo eficaz, da competência e da autoridade dos julgados do Supremo Tribunal Federal. Sua inclusão a 2 de outubro de 1957, no regimento interno do *órgão* maior na hierarquia judicial e que desfruta de singular posição. Poder reservado exclusivamente ao Supremo Tribunal Federal para legislar sobre "o processo e o julgamento dos feitos de sua competência originaria ou recursal", instituído pela Constituição Federal de 1967 (Art. 115, parágrafo *único*, letra "c", hoje art. 119, parágrafo 3º, letra "c"). Como quer que se qualifique – recurso, ação, ou medida processual de natureza excepcional, *é* incontestável a afirmação de que somente ao Supremo Tribunal Federal, em face primacialmente, da previsão inserida no art. 119, parágrafo 3º, letra "c", da Constituição da República, *é* dado no seu regimento interno, criar tal instituto, não previsto nas leis processuais. O Regimento Interno do Tribunal Federal de Recursos, ao criar a reclamação, nos seus arts. 194 a 201, "para preservar a competência do tribunal ou garantir a autoridade das suas decisões", vulnerou os preceitos constantes do art. 43 c/c. O art. 8º, inciso XVII, letra "b", art. 6º e seu parágrafo *único*, art. 119, parágrafo 3º, letra "c", da Lei Magna. Representação julgada procedente, por maioria de votos. Rp 1092-DF. Rel.: Min. Djaci Falcão. Julgamento: 31 out. 1984. *DJ*, 19 dez. 1984. Disponível em: <http://stf.jusbrasil.com.br/jurisprudencia/14683134/representacao-rp-1092-df>. Acesso em: 4 set. 2015.

BRASIL. Constituição (1988). *Constituição da República Federativa do Brasil*. Brasília: Senado Federal, 1988.

BRASIL. Lei nº 8.038, de 28 de maio de 1990. Institui normas procedimentais para os processos que especifica, perante o Superior Tribunal de Justiça e o Supremo Tribunal Federal. *Diário Oficial [da] República Federativa do Brasil*, Brasília, DF, 29 maio 1990a. Disponível em: <http://www.planalto.gov.br/ccivil_03/leis/L8038.htm>. Acesso em: 8 ago. 2015.

BRASIL. Supremo Tribunal Federal. Reclamação. Cabimento. STF.: competência originaria (CF, Art. 102, 'i', 'n'). 1. A recorribilidade ou a efetiva interposição de recurso para o STF da decisão reclamada não ilide o cabimento da reclamação. 2. Para o cabimento da reclamação não importa que o julgado do STF, cuja autoridade se afirme desrespeitada, não tenha conhecido do recurso extraordinário, se, não obstante, traduziu adesão a motivação de direito do acórdão recorrido ou, pelo menos, de parte essencial dele. 3. Inexistência de desrespeito a decisão STF se a questão controvertida na execução não foi objeto do seu julgado. 4. Na hipótese de interesse apenas indireto da magistratura do estado na questão jurídica objeto da causa, a competência originaria excepcional do STF para o processo de conhecimento não se estende ao processo de execução, onde se cuida apenas de realizar, com relação exclusivamente *às* partes, a norma individual já definitivamente fixada na sentença exequenda. Rcl. nº 329-SP. George Oswaldo Nogueira e Tribunal de Justiça do Estado de São Paulo. Rel.: Min. Sepúlveda Pertence. Julgamento: 30 maio 1990. *DJ*, 29 jun. 1990b. Disponível em: <http://www.stf.jus.br/portal/processo/verProcessoAndamento.-asp?numero=329&classe=Rcl&codigoClasse=0&origem=JUR&re curso=0&tipoJulgamento=M>. Acesso em: 17 jan. 2016.

REFERÊNCIAS | 119

BRASIL. Supremo Tribunal Federal. Reclamação - Natureza jurídica - Alegado desrespeito a autoridade de decisão emanada do STF - Inocorrência - Improcedência. [...] Não constitui ato ofensivo à autoridade de decisão emanada do Supremo Tribunal Federal o procedimento de magistrado inferior que, motivado pela existência de várias execuções penais ainda em curso, referentes a outras condenações não desconstituídas pelo 'writ', deixa de ordenar a soltura imediata de paciente beneficiado por 'habeas corpus' concedido, em caso diverso e específico, por esta Corte. Rcl. 336 DF. Rel.: Min. Celso de Mello. Julgamento: 19 dez. 1990. *DJ*, 15 mar. 1991. Disponível em: <http://stf.jusbrasil.com.br/jurisprudencia/752273/reclamacao-rcl-336-df>. Acesso em: 8 ago. 2015.

BRASIL. Decreto nº 678, de 6 de novembro de 1992. Promulga a Convenção Americana sobre Direitos Humanos (Pacto de São José da Costa Rica), de 22 de novembro de 1969. *Diário Oficial [da] República Federativa do Brasil*, Brasília, DF, 9 nov. 1992. Disponível em: <http://www.planalto.gov.br/ccivil_03/decreto/D0678.htm>. Acesso em: 12 nov. 2015.

BRASIL. Emenda Constitucional nº 3, de 17 de março de 1993. Altera os arts. 40, 42, 102, 103, 155, 156, 160, 167 da Constituição Federal. *Diário Oficial [da] República Federativa do Brasil*, Brasília, DF, 18 mar. 1993. Disponível em: <http://www.planalto.gov.br/ccivil_03/Constituicao/Emendas/Emc/emc03.htm>. Acesso em: 8 ago. 2015.

BRASIL. Lei nº 9.099, de 26 de setembro de 1995. Dispõe sobre os Juizados Especiais Cíveis e Criminais e dá outras providências. *Diário Oficial [da] República Federativa do Brasil*, Brasília, DF, 27 set. 1995a. Disponível em: <http://www.planalto.gov.br/ccivil_03/leis/L9099.htm>. Acesso em: 27 out. 2015.

BRASIL. Lei nº 9.028, de 12 de abril de 1995. Dispõe sobre o exercício das atribuições institucionais da Advocacia-Geral da União, em caráter emergencial e provisório, e dá outras providências. *Diário Oficial [da] República Federativa do Brasil*, Brasília, DF, 13 abr. 1995b. Disponível em: <http://www.planalto.gov.br/ccivil_03/leis/L9028.htm>. Acesso em: 7 nov. 2015.

BRASIL. Supremo Tribunal Federal. I. Reclamação: cabimento. A pendência de recurso ordinário no Tribunal local contra a decisão reclamada não impede que, contra ela, se oponha reclamação ao Supremo Tribunal Federal. II. Reclamação: procedência: ofensa à autoridade da decisão do Supremo Tribunal Federal. Afronta à autoridade da decisão do Presidente do Supremo Tribunal, que suspendeu a eficácia da liminar do mandado de segurança contra ato do Governador a concessão de tutela antecipada com alcance idêntico em ação ordinária ajuizada contra o Estado, com objeto e fundamentos idênticos ao da impetração de segurança. Rcl-AgR nº 655-ES. Jerônimo Monteiro e outros, e estado do Espírito Santo. Rel.: Min. Sepúlveda Pertence. Julgamento: 10 abr. 1997. *DJ*, 27 jun. 1997. Disponível em: <http://www.stf.jus.br/portal/processo/verProcessoAndamento.asp?numero=655&classe=Rcl&codigoClasse=0&origem=JUR&recurso=0&tipoJulgamento=M>. Acesso em: 4 nov. 2015.

BRASIL. Lei nº 9.882, de 3 de dezembro de 1999. Dispõe sobre o processo e julgamento da argüição de descumprimento de preceito fundamental, nos termos do §1º do art. 102 da Constituição Federal. *Diário Oficial [da] República Federativa do Brasil*, Brasília, DF, 6 dez. 1999a. Disponível em: <http://www.planalto.gov.br/ccivil_03/leis/l9882.htm>. Acesso em: 8 ago. 2015.

BRASIL. Superior Tribunal de Justiça. Constitucional e processual civil. Reclamação. Garantia da autoridade de julgado desta corte impugnado via recurso para o STF: admissibilidade. Desrespeito ao acórdão deste tribunal por parte de autoridade administrativa. Condenação em honorários advocatícios:impossibilidade. Procedência parcial. [...] Reclamação julgada parcialmente procedente, sem imposição de condenação em honorários advocatícios. Rcl. nº 502-GO (1997/0073606-7). Rel.: Min.: Adhemar Maciel. Julgamento: 14 out. 1998. *DJ*, 22 mar. 1999b. Disponível em: <http://stj.jusbrasil.com.br/jurisprudencia/19712658/reclamacao-rcl-502-go-1997-0073606-7>. Acesso em: 8 ago. 2015.

BRASIL. Supremo Tribunal Federal. I. Reclamação: subsistência *à* coisa julgada formada na sua pendência. Ajuizada a reclamação antes do trânsito em julgado da decisão reclamada, e não suspenso liminarmente o processo principal, a eficácia de tudo quanto nele se decidir ulteriormente, incluído o eventual trânsito em julgado do provimento que se tacha de contrário *à* autoridade de acórdão do STF, será desconstituído pela procedência da reclamação. II. Reclamação: improcedência. Sentença de liquidação de decisão de Tribunal Superior não afronta a autoridade de acórdão do Supremo Tribunal exarado no processo de execução que se limitou a afirmar compatibilidade entre o julgado no processo de conhecimento e o do mesmo Tribunal Superior, que reputara ofensiva da coisa julgada, e conseqüentemente nula, a primitiva declaração de improcedência da liquidação. Rcl. nº 509-MG. Alberto Machado e outros, e Juiz presidente da 10ª Junta de Conciliação e Julgamento da Justiça do Trabalho de Belo Horizonte. Rel.: Min. Sepúlveda Pertence. Julgamento: 17/12/1999. *DJ*, 4 ago. 2000. Disponível em: hhtp://www.stf.jus.br/portal/processo/verProcessoAndamento.asp?numero=509&classe=Rcl&codigoClasse=0&origem=JUR&recurso=0&tipoJulgamento=M>. Acesso em: 28 set. 2015.

BRASIL. Lei *nº* 10.259, de 12 de julho de 2001. Dispõe sobre a instituição dos Juizados Especiais Cíveis e Criminais no *âmbito* da Justiça Federal. *Diário Oficial [da] República Federativa do Brasil*, Brasília, DF, 13 jul. 2001. Disponível em: <http://www.planalto.gov.br/ccivil_03/leis/LEIS_2001/L10259.htm>. Acesso em: 10 out. 2015.

BRASIL. Súmula nº 734. 26 nov. 2003a. In: BRASIL. *Súmula do STF*. Brasília, STF. Disponível em: <http://www.stf.jus.br/arquivo/cms/jurisprudenciaSumula/anexo/Enunciados_Sumulas_STF_1_a_736_Completo.pdf>. Acesso em: 15 set. 2015.

BRASIL. Supremo Tribunal Federal. Ação Direta de Inconstitucionalidade. Artigo 108, inciso VII, alínea "i", da Constituição do estado de Ceará e art. 21, inciso VI, letra "j", do Regimento do Tribunal de Justiça Local. Previsão, no âmbito estadual, do instituto da reclamação. Instituto de natureza processual constitucional, situado no âmbito do direito de petição previsto no artigo 5º, inciso XXXIV, alínea "a", da Constituição Federal. Inexistência de ofensa ao artigo 22, inciso I, da Carta. Ação Direta de Inconstitucionalidade Adin 2212-1-CE. Governador do estado do Ceará, Assembleia Legislativa do estado do Ceará, Tribunal de Justiça do estado do Ceará. Rel.: Min. Ellen Gracie. Julgamento: 2 out. 2003. *DJ*, 14 nov. 2003b. Disponível em: <http://redir.stf.jus.br/paginadorpub/paginador.jsp?docTP=AC&docID=375353>. Acesso em: 22 ago. 2015.

BRASIL. Emenda Constitucional nº 45, de 30 de dezembro de 2004. Altera dispositivos dos arts. 5º, 36, 52, 92, 93, 95, 98, 99, 102, 103, 104, 105, 107, 109, 111, 112, 114, 115, 125, 126, 127, 128, 129, 134 e 168 da Constituição Federal, e acrescenta os arts. 103-A, 103B, 111-A e 130-A, e dá outras providências. *Diário Oficial [da] República Federativa do Brasil*, Brasília, DF, 31 dez. 2004a. Disponível em: <http://www.planalto.gov.br/ccivil_03/Constituicao/Emendas/Emc/emc45.htm>. Acesso em: 22 ago. 2015.

BRASIL. Supremo Tribunal Federal. Ementa: Reclamação. Governador do estado. Legitimidade ativa. Precatório. Pedido contra ato futuro: inadmissibilidade. Observância à decisão proferida na ADI 1662-SP. Preterição. Seqüestro de verba pública. Hipótese de cabimento da medida constritiva. [...] Reclamação parcialmente conhecida e, na parte conhecida, julgada improcedente. Rcl. nº 1915-SP: governador do estado de São Paulo e presidente do Tribunal Regional do Trabalho da 15ª Região. Rel.: Min. Maurício Corrêa. Julgamento: 4 dez. 2013. *DJ*, 6 fev. 2004b. Disponível em: <http://www.stf.jus.br/portal/processo/verProcessoAndamento.asp?numero=1915&classe=Rcl&codigoClasse=0&origem=JUR&recurso=0&tipoJulgamento=M>. Acesso em: 4 out. 2015.

REFERÊNCIAS | 121

BRASIL. Supremo Tribunal Federal. Agravo regimental em reclamação. Possibilidade de interposição de agravo. Cabimento da reclamação. Eficácia da decisão concessiva de liminar na ADC. 4. No julgamento da ADC 4 restou assentada que a decisão que concede medida cautelar em sede de ação declaratória de constitucionalidade *é* investida da mesma eficácia contra todos e efeito vinculante, características da decisão de mérito. A reclamação e o agravo do art. 522, do CPC, não são procedimentos idênticos, mas recursos ou remédios com diferentes efeitos e diversas razões. A reclamação visa preservar a competência do STF e garantir a autoridade de suas decisões, motivo pelo qual a decisão proferida em reclamação não substitui a decisão recorrida como nos recursos, mas apenas cassa o ato atacado. A reclamação tem natureza de remédio processual correcional, de função corregedora. Ademais, o STF somente admite a reclamação nos casos de processos sem trânsito em julgado, ou seja, com recurso ainda pendente. Agravo provido com a concessão de liminar. Rcl-AgR nº 872-SP. União e Juiz Federal Substituto da 1ª Vara de Araçatuba da 7ª subseção judiciária do estado de São Paulo. Rel.: Min. Marco Aurélio. Julgamento: 9 set. 2004. *DJ,* 20 maio 2005. Disponível em: <http://stf.jusbrasil.com.br/jurisprudencia/2967654/agregna-reclamacao-rcl-agr-872-sp>. Acesso em: 22 ago. 2015.

BRASIL. Lei nº 11.417, de 19 de dezembro de 2006. Regulamenta o art. 103-A da Constituição Federal e altera a Lei nº 9.784, de 29 de janeiro de 1999, disciplinando a edição, a revisão e o cancelamento de enunciado de súmula vinculante pelo Supremo Tribunal Federal, e dá outras providências. *Diário Oficial [da] República Federativa do Brasil,* Brasília, DF, 20 dez. 2006a. Disponível em: <http://www.planalto.gov.br/ccivil_03/_ato2004-2006/2006/lei/l11417.htm>. Acesso em: 22 ago. 2015.

BRASIL. Supremo Tribunal Federal. Constitucional. art. 102, I, l, da CF. Reclamação. Pressupostos de admissibilidade. art. 13 da Lei 8.038/90. Processual civil. Art.542, §3º, do CPC. Retenção do recurso extraordinário. Usurpação de competência não configurada. Impossibilidade de provimento de natureza recursal em sede de reclamação. Rcl-AgR 3800-PR. Guilherme Maculan Sodré e Luis Daniel Alencar e outro(a/s) e Vice-presidente do Tribunal Regional Federal da 4ª região (AI nº 2003.04.01.044918-9) e União e PFN - Deysi Cristina Da'rolt. Rel.: Min. Ellen Gracie. Julgamento: 2 fev. 2006. *DJ,* 09 jun. 2006b. Disponível em: <http://stf.jusbrasil.com.br/jurisprudencia/762022/agregna-reclamacao-rcl-agr-3800-pr>. Acesso em: 19 out. 2015.

BRASIL. Supremo Tribunal Federal. Agravo regimental. Reclamação. Não cabe reclamação contra atos decisórios dos ministros ou das Turmas que integram esta Corte Suprema, dado que tais decisões são juridicamente imputadas *à* autoria do próprio Tribunal em sua inteireza. Agravo desprovido. Rcl. nº 3916-AP AgR. Gilvam Pinheiro Borges, Osvaldo Flavio Degrazia e outro (a/s), Relator do MS nº 25623 do Supremo Tribunal Federal, João Alberto Rodrigues Capiberibe, *Álvaro* Joacyr Rocha, Presidente do Senado Federal. Rel.: Min. Carlos Britto. Julgamento: 12 jun. 2006. *DJ,* 25 ago. 2006c. Disponível em: <http://stf.jusbrasil.com.br/jurisprudencia/14732096/agregna-reclamacao-rcl-3916-ap>. Acesso em: 9 jan. 2016.

BRASIL. Supremo Tribunal Federal. 1. Trata-se de reclamação, com pedido de liminar, movida por Alfredo Maria Lazzarotto, contra ato praticado pelo Corregedor-Geral da Justiça do Estado do Rio Grande do Sul e pela Comissão Permanente de Concursos de Ingresso e Remoção nos Serviços Notarial e Registral daquele ente federativo, consubstanciado na publicação de edital referente ao resultado da prova de títulos de concurso público para ingresso nos serviços notarial e de registro. [...] 4. Do exposto, indefiro a liminar [...]. Rcl. nº 4692-RS. Alfredo Maria Lazzarotto, Dílson Paulo Oliveira Peres Júnior, Corregedor-Geral da Justiça do Estado do Rio Grande do Sul, Comissão Permanente de Concursos de Ingresso d Remoção nos Serviços Notarial e Registral do Estado. Rel.: Min. Cezar Peluso. Julgamento: 1 nov. 2006. DJ, 14 nov. 2006d. Disponível em: <http://stf.jusbrasil.com.br/jurisprudencia/14778901/medida-cautelar-na-reclamacao-rcl-4692-rs-stf>. Acesso em: 11 fev. 2016.

BRASIL. Supremo Tribunal Federal. Trata-se de reclamação, ajuizada por Valdir Perazzo Leite, em face de decisão do Juiz de Direito da Vara de Execuções Penais da Comarca de Rio Branco/AC, que indeferiu o pedido de progressão de regime em favor de Odilon Antonio Da Silva Lopes, Antonio Edinezio de Oliveira Leão, Silvinho Silva de Miranda, Dorian Roberto Cavalcante Braga, Raimundo Pimentel Soares, Deires Jhanes Saraiva de Queiroz, Antonio Ferreira da Silva, Gessyfran Martins Cavalcante, João Alves da Silva e André Richarde Nascimento de Souza.Os condenados apontados pelo reclamante cumprem penas de reclusão em regime integralmente fechado, em decorrência da prática de crimes hediondos [...]. Rcl. nº 4335-AC. Defensoria Pública da União, Juiz de Direito da Vara de Execuções Penais da Comarca de Rio Branco, Odilon Antonio Da Silva Lopes, Antonio Edinezio de Oliveira Leão, Silvinho Silva de Miranda, Dorian Roberto Cavalcante Braga, Raimundo Pimentel Soares, Deires Jhanes Saraiva de Queiroz, Antonio Ferreira da Silva, Gessyfran Martins Cavalcante, João Alves da Silva e André Richarde Nascimento de Souza. Rel.: Gilmar Mendes. Julgamento: 21 ago. 2006e. *DJ*, 25 ago. 2006. Disponível em: <http://stf.jusbrasil.com.br/jurisprudencia/14779595/reclamacao-rcl-4335-ac-stf>. Acesso em: 5 dez. 2015.

BRASIL. Lei nº 11.418, de 19 de dezembro de 2006. Acrescenta *à* Lei nº 5.869, de 11 de janeiro de 1973 - Código de Processo Civil, dispositivos que regulamentam o §3º, do art. 102 da Constituição Federal. *Diário Oficial [da] República Federativa do Brasil*, Brasília, DF, 20 dez. 2006f. Disponível em: <http://www.planalto.gov.br/ccivil_03/_ato2004-2006/2006/lei/l11418.htm>. Acesso em: 22 ago. 2015.

BRASIL. Lei nº 11.280, de 16 de fevereiro de 2006. Altera os arts. 112, 114, 154, 219, 253, 305, 322, 338, 489 e 555 da Lei no 5.869, de 11 de janeiro de 1973 - Código de Processo Civil, relativos *à* incompetência relativa, meios eletrônicos, prescrição, distribuição por dependência, exceção de incompetência, revelia, carta precatória e rogatória, ação rescisória e vista dos autos; e revoga o art. 194 da Lei no 10.406, de 10 de janeiro de 2002 - Código Civil. *Diário Oficial [da] República Federativa do Brasil*, Brasília, DF, 17 fev. 2006g. Disponível em: <http://www.planalto.gov.br/ccivil_03/_Ato2004-2006/2006/Lei/L11280.htm>. Acesso em: 3 mar. 2016.

BRASIL. Supremo Tribunal Federal. Reclamação. Ausência de capacidade postulatória da parte reclamante. Somente nos casos em que a lei expressamente excepciona no sentido de admitir capacidade postulatória a quem não tenha os conhecimentos técnicos exigidos pela lei para a propositura das ações e dos instrumentos processuais em geral, *é* que será possível admiti-la a quem não a possua. Precedente: Rcl 678, Moreira. Reclamação não conhecida. Rcl. nº 729-SP. Geraldo Felipe de Araújo e Tribunal de Justiça do estado de São Paulo. Rel.: Min. Marco Aurélio. Julgamento: 9 set. 1998. *DJ*, 24 mar. 2006h. Disponível em: <http://www.stf.jus.br/portal/processo/verProcessoAndamento.asp?numero=729&classe=Rcl&codigoClasse=0&origem=JUR&recurso=0&tipoJulgamento=M>. Acesso em: 15 set. 2015.

BRASIL. Supremo Tribunal Federal. Reclamação contra acórdão proferido pela 2ª Turma desta Corte no agravo regimental no agravo de instrumento 656.892/SP, Rel. Min. Cezar Peluso. Informa a reclamante ter oposto embargos de declaração do referido acórdão. Entretanto, sustenta o cabimento da presente reclamação. Por ter o Eminente Ministro Relator se omitido quanto *à* petição da Reclamante de nº 118.547/2009, que informa a esse E. Supremo Tribunal do falecimento de seu marido Carlos Negreiros do Amaral e não ter atendido os pedidos nela incertos (sic), segundo a doutrina expressa pelos nossos autores jurídicos o dano para a Reclamante seria irreparável. [...] Agravo que se nega provimento. Isso posto, julgo improcedente a presente reclamação, posto que manifestamente incabível (art. 21, §1º, do RISTF). Rcl. nº 9542/SP. Vandir Gema Negreiros do Amaral e Gedeon Fernandes de Sena. Rel.: Min. Ricardo Lewandowski. Julgamento:

REFERÊNCIAS | 123

1 dez. 2009. *DJe,* nº 234, 15 dez. 2009a. Disponível em: <http://stf.jusbrasil.com.br/juris prudencia/6179772/reclamacao-rcl-9542-sp-stf>. Acesso em: 4 dez. 2015.

BRASIL. Superior Tribunal de Justiça. Agravo regimental. Reclamação. Decisão do tribunal de origem inadmitindo recurso especial. Cabimento de agravo de instrumento. Ação de natureza excepcional e incidental. *Decisum* que não extrapolou os limites de competência. Análise dos pressupostos intrínsecos e extrínsecos de admissibilidade de apelo nobre. Recurso desprovido. AgRG na Rcl. nº 3497-RN, (2009/0079567-4). Estado do Rio Grande do Norte e Desembargador Presidente do Tribunal de Justiça do Estado do Rio Grande do Norte. Rel.: Min. Napoleão Nunes Maia Filho. Julgamento: 10 jun. 2009. *DJe,* 23 jun. 2009b. Disponível em: <http://stj.jusbrasil.com.br/jurisprudencia/6063846/agravo-regi mental-na-reclamacao-agrg-na-rcl-3497-rn-2009-0079567-4>. Acesso em: 19 out. 2015.

BRASIL. Supremo Tribunal Federal. Reclamação - regência - regimento interno - impropriedade. A criação de instrumento processual mediante regimento interno discrepa da Constituição Federal. Considerações sobre a matéria e do atropelo da dinâmica e organicidade próprias ao Direito. RE nº 405031-AL. Sindicato dos trabalhadores nas indústrias urbanas no estado de Alagoas, Zélio Maia da Rocha e outro(a/s), Companhia Energética de Alagoas – CEAL, e José Alberto Couto Maciel e outro(a/s). Rel.: Min. Marco Aurélio. Julgamento: 15 out. 2008. *DJe,* 17 abr. 2009c. Disponível em: <http://stf.jusbrasil.com.br/ jurisprudencia/14717475/recurso-extraordinario-re-405031-al>. Acesso em: 19 out. 2015.

BRASIL. Supremo Tribunal Federal. Agravo regimental na reclamação. Impugnação de ato de ministro do supremo tribunal federal. Competência do relator para decidir monocraticamente ação sob sua relatoria. Agravo regimental prejudicado. 1. Não cabe reclamação para impugnar decisão monocrática de Ministro do Supremo Tribunal Federal. 2. Reconsideração da decisão reclamada. Substituição do título judicial: perda de objeto. Rcl. nº 8301-DF AgR. Mário Ferreira Leite, e Relator do MS nº 27236 do Supremo Tribunal Federal. Rel.: Min. Cármen Lúcia. Julgamento: 17 set. 2009. *DJe,* 9 out. 2009d. Disponível em: <http://stf.jusbrasil.com.br/jurisprudencia/5415137/agregna-reclamacao-rcl-8301-df>. Acesso em: 12 dez. 2015.

BRASIL. Superior Tribunal de Justiça. Resolução nº 12, de 14 de dezembro de 2009. Dispõe sobre o processamento, no Superior Tribunal de Justiça, das reclamações destinadas a dirimir divergência entre acórdão prolatado por turma recursal estadual e a jurisprudência desta Corte. *Diário da Justiça Eletrônico [do] Superior Tribunal de Justiça,* 16 dez. 2009e. Disponível em: <http://www.stj.jus.br/static_files/STJ/Leis%20e%20normas/ Res%20_12_2009_PRE.pdf>. Acesso em: 24 nov. 2015.

BRASIL. Lei nº 12.016, de 7 de agosto de 2009. Disciplina o mandado de segurança individual e coletivo e dá outras providências. *Diário Oficial [da] República Federativa do Brasil,* Brasília, DF, 10 ago. 2009f. Disponível em: <http://www.planalto.gov.br/cci vil_03/_ato2007-2010/2009/lei/l12016.htm>. Acesso em: 24 nov. 2015.

BRASIL. Lei nº 12.153, de 22 de dezembro de 2009. Dispõe sobre os Juizados Especiais da Fazenda Pública no *âmbito* dos Estados, do Distrito Federal, dos Territórios e dos Municípios. *Diário Oficial [da] República Federativa do Brasil,* Brasília, DF, 23 dez. 2009g. Disponível em: <http://www.planalto.gov.br/ccivil_03/_Ato2007-2010/2009/Lei/L12153. htm>. Acesso em: 24 nov. 2015.

BRASIL. Supremo Tribunal Federal. Embargos de declaração. Recurso extraordinário. Ausência de omissão no acórdão embargado. Jurisprudência do Superior Tribunal de Justiça. Aplicação *às* controvérsias submetidas aos juizados especiais estaduais. Reclamação para o Superior Tribunal de Justiça. Cabimento excepcional enquanto não criado, por lei federal, o *órgão* uniformizador. 1. No julgamento do recurso extraordinário interposto pela embargante, o Plenário desta Suprema Corte apreciou satisfatoriamente os pontos por ela questionados, tendo concluído: que constitui questão infraconstitucional a discriminação dos pulsos telefônicos excedentes nas contas telefônicas; que compete *à* Justiça Estadual a sua apreciação; e que *é* possível o julgamento da referida matéria no *âmbito* dos juizados em virtude da ausência de complexidade probatória. Não há, assim, qualquer omissão a ser sanada. [...] 5. Embargos declaratórios acolhidos apenas para declarar o cabimento, em caráter excepcional, da reclamação prevista no art. 105, I, f, da Constituição Federal, para fazer prevalecer, até a criação da turma de uniformização dos juizados especiais estaduais, a jurisprudência do Superior Tribunal de Justiça na interpretação da legislação infraconstitucional. RE nº 571572 ED BA. Telemar Norte Leste S/A, Albérico Sampaio do Lago Pedreira. Rel.: Min. Ellen Gracie. Julgamento: 26 ago. 2009. *DJe*, 27 nov. 2009h. Disponível em: <http://www.stf.jus.br/portal/processo/verProcessoAndamento.asp?numero=571572&classe=RE-ED&codigoClasse=0&origem=JUR&recurso=0&tipoJulgamento=M>. Acesso em: 24 nov. 2015.

BRASIL. Supremo Tribunal Federal. Trata-se de reclamação, com pedido de medida liminar, proposta pelo Município de São Paulo, com fundamento nos arts. 156 e seguintes do RISTF, contra a decisão proferida pela Presidência do Tribunal de Justiça do Estado de São Paulo no Processo nº 267.143.5/0-01, que julgou prejudicado o recurso extraordinário da municipalidade, bem como o agravo de instrumento interposto dessa decisão [...]. Medida Cautelar (MC) na Reclamação Rcl. nº 7569 MC SP. Município de São Paulo, Presidente do Tribunal de Justiça do estado de São Paulo (Processo nº 267.143.5/0-01), Luiz Antônio Mariano Lozano e outro(a/s). Rel.: Min. Ellen Gracie. Julgamento: 6 abr. 2009. *DJe*, 16 abr. 2009i. Disponível em: <http://www.stf.jus.br/portal/processo/verProcessoAndamento.asp>. Acesso em: 9 mar. 2016.

BRASIL. Congresso Nacional. Senado Federal. Comissão de Juristas Responsável pela Elaboração de Anteprojeto de Código de Processo Civil. *Código de Processo Civil:* ante projeto. Brasília: Senado Federal, Presidência, 2010a.

BRASIL. Superior Tribunal de Justiça. Processual civil - Reclamação - Garantia da autoridade das decisões do STJ. Cabimento. Procedência. 5. Reclamação julgada procedente. Rcl. nº 3.828-SC, (2009/0235981-4). Terezinha Vieira Coelho e Juiz Federal do Juizado Especial Cível da Seção Judiciária do estado de Santa Catarina. Rel.: Min. Eliana Calmon. Julgamento: 28 abr. 2010. *DJe*, 7 maio 2010b. Disponível em: <http://stj.jusbrasil.com.br/jurisprudencia/9216568/reclamacao-rcl-3828-sc-2009-0235981-4/inteiro-teor-14297080>. Acesso em: 19 out. 2015.

BRASIL. Supremo Tribunal Federal. Reclamação constitucional. Alegada violação de autoridade de precedente do pleno do Supremo Tribunal Federal. Aresto firmado em julgamento de alcance subjetivo. Agravo de instrumento. Legitimidade para propor a reclamação. Processual civil. Agravo regimental. Decisão que indefere de plano o seguimento da reclamação. 1. Agravo regimental interposto de decisão com a qual se negou seguimento *à* reclamação, destinada a assegurar a autoridade de precedente da Corte. [...] 4. No caso em exame, o reclamante não fez parte da relação processual em que formado o precedente tido por violado (agravo de instrumento julgado pelo Pleno do Supremo Tribunal Federal). Agravo regimental conhecido, mas ao qual se nega provimento. Rcl. 6078-SC. Sidauto Comércio e Indústria Metalúrgica Ltda. Marco Aurélio Poffo. Superior Tribunal de Justiça (Agravo Regimental na Petição nº 6.066), estado de Santa Catarina, PGE-SC - Ana Cláudia Alett Aguiar. Rel.: Min. Joaquim Barbosa. Julgamento: 08 abr. 2010. *DJe*, 30 abr. 2010c. Disponível em: <http://stf.jusbrasil.com.br/jurisprudencia/9086728/agreg-na-reclamacao-rcl-6078-sc>. Acesso em: 22 nov. 2015.

BRASIL. Supremo Tribunal Federal. Reclamação. Propositura contra decisão de Turma do Supremo. Inadmissibilidade. Seguimento negado. Recurso improvido. Precedentes.

REFERÊNCIAS | 125

Não se admite reclamação contra decisão de turma ou ministro do Supremo Tribunal Federal. Rcl. nº 2.969-AgR. Eduardo Bittencourt Silva e outro(a/s), e Primeira Turma do Supremo Tribunal Federal. Relator(a): Min. Cezar Peluso. Julgamento: 14 out. 2009. *DJe*, 26 mar. 2010d. Disponível em: <http://www.stf.jus.br/portal/jurisprudencia/listarJurispru dencia.asp?s1=Rcl-AgR(2969%20.NUME.)&base=baseAcordaos>. Acesso em: 23 jan. 2016.

BRASIL. Supremo Tribunal Federal. Reclamação. Inadmissibilidade. Alegação de ofensa *à* súmula vinculante nº 10. Decisão anterior *à* edição desta. Seguimento negado. Agravo improvido. Não cabe reclamação por ofensa a súmula vinculante editada após a decisão impugnada. Rcl. nº 8846-SP AgR. Luiz José Rodrigues, União, Tribunal Regional Federal da 3ª Região. Rel.: Min. Cezar Peluso. Julgamento: 4 fev. 2010, *DJe*, 9 abr. 2010e. Disponível em: <http://www.stf.jus.br/portal/jurisprudencia/listarJurisprudencia.asp?s1=Rcl-A gR(8846%20.NUME.)&base=baseAcordaos>. Acesso em: 7 dez. 2015.

BRASIL. Superior Tribunal de Justiça. Processual civil. Constitucional. Reclamação. Autoridade reclamada. Exceção de impedimento. Art. 134, I E III, do CPC. Incabível. Oferta de informações. Art. 14, I, da Lei 8.038/90. Função legal e regular. Natureza jurídica da reclamação. Direito material. Processamento. Lógica e ditames processuais. PET na Rcl nº 5488-SP (2011/0048247-5). Rel.: Min. Humberto Martins. Julgamento: 26 out. 2011. *DJe*, 7 nov. 2011a. Disponível em: <http://stj.jusbrasil.com.br/jurisprudencia/21050434/ peticao-na-reclamacao-pet-na-rcl-5488-sp-2011-0048247-5-stj>. Acesso em: 13 out. 2015.

BRASIL. Supremo Tribunal Federal. Trata-se de reclamação constitucional, aparelhada com pedido de medida liminar, proposta por Geraldo Mendes da Silva contra ato da 3ª Turma Cível do Superior Tribunal de Justiça.2. Argumenta o autor que o Tribunal reclamado não conheceu os embargos de declaração por ele interpostos, com o objetivo de ver aplicado entendimento sumulado deste Supremo Tribunal Federal (Súmula 380). Comprovada a existência de sociedade de fato entre os concubinos, *é* cabível a sua dissolução judicial, com a partilha do patrimônio adquirido pelo esforço comum). Alega o autor que até o presente momento, o 'decisum' desconsiderou a existência de sociedade de fato entre o Reclamante e a Interessada, Eloá Prata de Silva, em que ela contabilizou, durante o período da sociedade de fato, vários recursos, oriundos da empresa EG Artigos Esportivos Ltda., sendo freqüente, nessa *época*, a transferência de valores entre as contas bancárias de ambos. Daí requerer seja provida a reclamação para garantir a autoridade do entendimento firmado por esse Colendo Superior Tribunal Federal no verbete sumular 380, cassando-se o r. acórdão da 3ª Turma do Superior Tribunal de Justiça. Rcl. nº 11235-DF. Geraldo Mendes da Silva, Clarice Pereira Pinto, Superior Tribunal de Justiça, Eloá Prata da Silva Lopes, Valéria Barnabe Lima. Rel.: Min. Ayres Britto. Julgamento: 04 abr. 2011. *DJe*, 13 abr. 2011b. Disponível em: <http://stf.jusbrasil.com.br/jurispruden cia/18750811/reclamacao-rcl-11235-df-stf>. Acesso em: 22 nov. 2015.

BRASIL. Supremo Tribunal Federal. Reclamação. Ilegitimidade ativa do Ministério Público estadual. Inicial ratificada pelo Procurador-Geral da República. Afastamento da incidência do art. 127 da LEP por *órgão* fracionário de Tribunal Estadual. Violação da súmula vinculante 9. Procedência. 1. Inicialmente, entendo que o Ministério Público do Estado de São Paulo não possui legitimidade para propor originariamente Reclamação perante esta Corte, já que "incumbe ao Procurador-Geral da República exercer as funções do Ministério Público junto ao Supremo Tribunal Federal, nos termos do art. 46 da Lei Complementar 75/93" (Rcl 4453 MC-AgR-AgR / SE, de minha relatoria, DJe 059, 26.03.2009). 2. Entretanto, a ilegitimidade ativa foi corrigida pelo Procurador-Geral da República, que ratificou a petição inicial e assumiu a iniciativa da demanda. 3. Entendimento original da relatora foi superado, por maioria de votos, para reconhecer a legitimidade ativa autônoma do Ministério Púbico Estadual para propor reclamação. [...] 10. No mérito, reclamação julgada procedente, para cassar o acórdão proferido pela

12ª Câmara Criminal do Tribunal de Justiça do Estado de São Paulo, que restabeleceu os dias remidos do reeducando. Rcl. nº 7358-SP. Procurador-Geral da República, Tribunal de Justiça do estado de São Paulo (Agravo em execução nº 990.08.014874-5), Reinaldo Ponciano, Defensor público-geral do estado de São Paulo. Rel.: Min. Ellen Gracie. Julgamento: 24 fev. 2011. *DJe*, 3 jun. 2011c. Disponível em: <http://www.stf.jus.br/portal/processo/verProcessoAndamento.asp?numero=7358&classe=Rcl&codigoClasse=0&ori gem=JUR&recurso=0&tipoJulgamento=M>. Acesso em: 11 out. 2015.

BRASIL. Superior Tribunal de Justiça. Embargos de declaração recebidos como Agravo Regimental. Reclamação de que trata a resolução STJ nº 12/2009. Natureza recursal. Impossibilidade de só uma reclamação impugnar acórdãos proferidos em diferentes ações. 1. Consoante se depreende das razões recursais, as embargantes, a pretexto de existência de omissão na decisão recorrida, pretendem, na verdade, emprestar efeitos modificativos aos declaratórios. Assim sendo, em face do nítido caráter infringente, recebe-se os embargos de declaração como agravo regimental, fundamentado nos princípios da fungibilidade recursal e da economia processual. [...]. 5. Não se trata, consoante se depreende do exposto, do exercício do direito de petição (CF, art. 5º, XXXIV), mas da utilização de medida de natureza semelhante a de recurso uniformizador, não havendo se falar, assim, em desrespeito aos princípios da efetividade do processo, da economia e da celeridade processual. 6. Agravo regimental desprovido. Reclamação nº 5.053-SP (2010/0213900-8). CIG Agência d Viagens e Turismo, Operadora e Agência de Viagens CVC Tur Ltda. e outro(s), Juizado Especial Cível de Caconde-SP, Colégio Recursal de Casa Branca, SP. Rel.: Min. Raul Araújo. Julgamento: 9 fev. 2011. *DJe*, 17 fev. 2011d. Disponível em: <https://ww2.stj.jus.br/processo/pesquisa/?tipoPesquisa=tipoPesquisaNu meroRegistro&termo=201002139008&totalRegistrosPorPagina=40&aplicacao=processos. ea>. Acesso em: 8 dez. 2015.

BRASIL. Superior Tribunal de Justiça. Processual civil. Agravo regimental na reclamação. Acórdão de turma recursal. Peça essencial. Ausência. Acórdão de turma recursal. Resolução STJ nº 12/2009, Art. 6º. Irrecorribilidade das decisões do relator. Reclamação utilização como sucedâneo de recurso. Insurgência contra decisão de turma recursal de Juizado Especial Federal. Não cabimento. Lei 10.259/01. Agravo Regimental não conhecido. AgRg na Rcl. nº 6.016-DF (2011/0120759-5). Joel Cardoso de Brito e outro(s), Fazenda Nacional, Procuradoria Geral da Fazenda Nacional - PGFN. Rel.: Min. Humberto Martins. Julgamento: 20 out. 2011. *DJe*, 24 out. 2011e. Disponível em: <https://ww2.stj.jus.br/processo/pesquisa/?tipoPesquisa=tipoPesquisaNumeroRegistro&termo=201101207595&totalRegis trosPorPagina=40&aplicacao=processos.ea>. Acesso em: 6 fev. 2016.

BRASIL. Supremo Tribunal Federal. Trata-se de reclamação constitucional ajuizada por Itapeva Florestal Ltda., contra acórdão proferido pelo *Órgão* Especial do Superior Tribunal de Justiça, nos autos do AI 993.454, que teria usurpado a competência desta Corte. O reclamante maneja este feito para corrigir suposto erro na aplicação do instituto de repercussão geral, sustentando, em suma, que a competência para analisar o agravo de instrumento interposto contra decisão que inadmitiu recurso extraordinário *é* exclusiva desta Corte. Requer, dessa forma, seja julgada procedente esta reclamação a fim de processar o agravo de instrumento. *É* o breve relatório. Decido. Bem examinados os autos, entendo que esta reclamação não pode ser conhecida [...]. Rcl. 11427-MG. Itapeva Florestal Ltda., Superior Tribunal de Justiça, Advogado-Geral da União, Instituto de Terras de Minas Gerais – INTER, Luiz Raimundo do Nascimento. Rel.: Min. Ricardo Lewandowski. Julgamento: 16 mar. 2011. *DJe*, 22 mar. 2011f. Disponível em: <http://www.stf.jus.br/portal/jurisprudencia/listarJurisprudencia.asp?s1=%28Rcl%24%2ESCLA%2E+E+11427%2ENU ME%2E%29+NAO+S%2EPRES%2E&base=baseMonocraticas&url=http://tinyurl.com/ayyydlc>. Acesso em: 15 jan. 2016.

BRASIL. Superior Tribunal de Justiça. Processual civil. Agravo regimental. Reclamação de que trata a Resolução STJ nº 12/2009. Natureza recursal. Telefonia. Prazo de 15 dias. Termo inicial. Intempestividade. [...] 5. No caso dos autos, verifica-se que a decisão impugnada pela via reclamatória foi proferida em 23/8/2012, sendo imperativo reconhecer a intempestividade da presente reclamação. 6. Agravo regimental não conhecido. AgRg na Rcl. nº 18108-BA, (2014/0108985-3). Telemar Norte Leste S/A e Karla Neide Ribeiro Moreira. Rel.: Min. Og Fernandes. Julgamento: 13 ago. 2014. *DJe*, 2 ago. 2014a. Disponível em: <http://www.jusbrasil.com.br/diarios/documentos/134688463/agrg-na-reclamacaon-18108-ba-do-stj>. Acesso em: 22 ago. 2015.

BRASIL. Superior Tribunal de Justiça. Reclamação. Juizados especiais. Competência para executar seus próprios julgados. Valor superior a 40 salários mínimos. Astreintes. Descumprimento de liminar. Redução do quantum da multa diária. Reclamação parcialmente procedente. Reclamação Rcl. nº 7.861-SP (2012/0022014-8). Telefônica Brasil S/A e outro(s), Oitava Turma Cível do Colégio Recursal do estado de São Paulo, Flavia Alessandra Naves da Silva, Demis Roberto Correia de Melo. Rel.: Min. Luis Felipe Salomão. Julgamento: 11 set. 2013. *DJe*, 06 mar. 2014b. Disponível em: <http://www.stj.jus.br/SCON/jurisprudencia/doc.jsp?id=1333170>. Acesso em: 4 jan. 2016.

BRASIL. Lei nº 13.105, de 16 de março de 2015. Código de Processo Civil. *Diário Oficial [da] República Federativa do Brasil*, Brasília, DF, 17 mar. 2015a. Disponível em: <http://www.planalto.gov.br/ccivil_03/_Ato2015-2018/2015/Lei/L13105.htm>. Acesso em: 3 dez. 2015.

BRASIL. Supremo Tribunal Federal (STF). *Regimento Interno*: [atualizado até setembro de 2015] – consolidado e atualizado até maio de 2002 por Eugênia Vitória Ribas. Brasília – STF, 2015b.

BRASIL. Supremo Tribunal Federal. Trata-se de reclamação constitucional, com pedido de medida liminar, ajuizada por Pool Service Comercial Importadora e Exportadora Ltda., contra decisão proferida pelo Juízo da 6ª Vara Federal de Joinville da Seção Judiciária do Estado de Santa Catarina. Na petição inicial, alega-se violação à Súmula 323 do Supremo Tribunal Federal. *É* o breve relatório. Dispenso a remessa dos autos *à* Procuradoria-Geral da República, por entender que o processo já está em condições de julgamento (RISTF, art. 52, parágrafo *único).* Passo a decidir. No presente feito, verificase que não há indicação de afronta *à* decisão dotada de efeito vinculante nem alegação de usurpação de competência desta Corte. Não se verifica, portanto, nenhuma das hipóteses constitucionalmente previstas para o ajuizamento da reclamação (art. 102, I, l, da CF/88). A jurisprudência do Supremo Tribunal Federal segue no sentido do não cabimento de reclamação por afronta *à* autoridade de súmula do STF ou de decisão não dotada de efeito vinculante. Rcl. nº 19515-SC. Pool Service Comercial Importadora e Exportadora e Assessoria Internacional Ltda., Macsoel Brustolin, juiz federal da 6ª Vara Federal de Joinville, sem representação nos autos, União e Advogado-Geral da União. Rel.: Min. Gilmar Mendes. Julgamento: 5 fev. 2015. *DJe*, 10 fev. 2015c. Disponível em: <http://stf.jusbrasil.com.br/jurisprudencia/25355810/reclamacao-rcl-19515-sc-stf>. Acesso em: 8 out. 2015.

BRASIL. Supremo Tribunal Federal. *Regimento Interno*: [atualizado até setembro de 2015] – consolidado e atualizado até maio de 2002 por Eugênia Vitória Ribas. Brasília: STF, 2015d. Disponível em: <http://www.stf.jus.br/arquivo/cms/legislacaoRegimentoInterno/anexo/RISTF.pdf>. Acesso em: 14 jan. 2016.

BRASIL. Lei nº 13.256, de 4 de fevereiro de 2016. Altera a Lei nº 13.105, de 16 de março de 2015 (Código de Processo Civil), para disciplinar o processo e o julgamento do recurso extraordinário e do recurso especial, e dá outras providências. *Diário Oficial [da] República Federativa do Brasil*, Brasília, DF, 5 fev. 2016a. Disponível em: <http://www.planalto.gov.br/ccivil_03/_ato2015-2018/2016/Lei/L13256.htm#art2>. Acesso em: 3 abr. 2016.

BRASIL. Tribunal Superior do Trabalho (TST). Resolução nº 203, de 15 de março de 2016 [Instrução Normativa nº 39]. *Diário Eletrônico da Justiça do Trabalho*, Brasília, DF, nº 1939, 16 mar. 2016b. Caderno Judiciário do Tribunal Superior do Trabalho, p. 1-4.

BRASIL. Emenda Regimental nº 22, de 16 de março de 2016. Altera, inclui e revoga dispositivos do Regimento Interno para adequá-lo à Lei n. 13.105, de 16 de março de 2015, novo Código de Processo Civil. *DJe*, 18 mar. 2016c. Disponível em: <http://bdjur. stj.jus.br/jspui/bitstream/2011/98772/Emr_22_2016_STJ.pdf>. Acesso em: 31 mar. 2016.

BRASIL. Supremo Tribunal Federal. *Estatísticas do STF*. Processos: protocolados, distribuídos e julgados por classe processual. Disponível em: <http://www.stf.jus.br/portal/cms/verTexto.asp?servico=estatistica>. Acesso em: 17 jan. 2016d.

BUENO, Cássio Scarpinella. *O poder público em juízo*. São Paulo: Max Limonad, 2000.

CABRAL, Antonio do Passo; CRAMER, Ronaldo (Coords.). *Comentários ao novo código de processo civil*. Rio de Janeiro: Forense, 2015.

CAMARGO, Luiz Henrique Volpe. O incidente de demandas repetitivas no projeto de novo CPC: a comparação entre a versão do Senado Federal e a da Câmara dos Deputados. In: FREIRE, Alexandre. et al. *Novas tendências do processo civil:* estudos sobre o projeto do novo código de processo civil - baseado no relatório apresentado pelo deputado Paulo Teixeira. Comissão presidida pelo deputado Fábio Trad. Salvador: Juspodivm, 2010. v. III, p. 279-309.

CENTRO DE ESTUDOS AVANÇADOS DE PROCESSO (CEAPRO). *Enunciados novo CPC:* enunciados CEAPRO. Disponível em: <http://www.ceapro.org.br/enunciados. html>. Acesso em: 7 mar. 2016.

CONSULTOR JURÍDICO (CONJUR). *Anuário da Justiça Brasil 2014*. Revista Consultor Jurídico. São Paulo: Conjur Editorial, 2014.

CONSULTOR JURÍDICO (CONJUR). Turmas do STF julgaram [...] 22 jan. 2014. Disponível em: <http://www.conjur.com.br/2014-jan-22/stf-julgou-11-mil-processos-2013-numero-maior-ano-anterior>. Acesso em: 4 jul. 2014b.

COSTA, Eduardo José da Fonseca. Comentários aos artigos 988 a 993 (reclamação). In: WAMBIER, Teresa Arruda Alvim (Org.). et al. *Breves comentários ao novo Código de Processo Civil*. São Paulo: Revista dos Tribunais, 2015, p. 2199-2215.

DANTAS, Marcelo Navarro Ribeiro. *Reclamação constitucional no direito brasileiro*. Porto Alegre: Sérgio Antônio Fabris, 2000.

DANTAS, Marcelo Navarro Ribeiro. A reclamação constitucional no direito comparado. In: NOGUEIRA, Pedro Henrique Pedrosa; COSTA, Eduardo José da Fonseca (Org.). *Reclamação constitucional*. Salvador: Juspodivm, 2013. v. 1. p. 335-370.

DANTAS, Marcelo Navarro Ribeiro. O procedimento da reclamação. In: NOGUEIRA, Pedro Henrique Pedrosa; COSTA, Eduardo José da Fonseca (Org.). *Reclamação constitucional*. Salvador: Juspodivm, 2013. v. 1, p. 319-333.

DELLORE, Luiz. et al. Os *impactos do novo CPC no STF,* por Luiz Dellore e outros. 9 mar. 2015. Disponível em: <http://www.advocef.org.br/noticias/os-impactos-do-novo-cpc-no-stf-por-luiz-dellore-e-outros/>. Acesso em: 17 jan. 2016d.

DIDIER JÚNIOR, Fredie; BRAGA, Paula Sarno; OLIVEIRA, Rafael Alexandria de. *Curso de direito processual civil:* teoria da prova, direito probatório, ações probatórias, decisão, precedente, coisa julgada e antecipação da tutela. 8. ed. Salvador: JusPodivm, 2013. v. 2.

REFERÊNCIAS | 129

DIDIER JÚNIOR, Fredie; CUNHA, Leonardo José Carneiro da. *Curso de direito processual civil*: meios de impugnação às decisões judiciais e processo nos tribunais. 7. ed. Salvador: JusPodivm, 2009. v. 3.

DINAMARCO, Cândido Rangel. *Fundamentos do processo civil moderno*. São Paulo: Revista dos Tribunais, 1986.

DINAMARCO, Cândido Rangel. *Nova era do processo civil*. 4. ed. São Paulo: Malheiros, 2013.

DONIZETTI, Elpídio. A força dos precedentes no novo código de processo civil. *Revista Direito UNIFACS* – Debate Virtual, n. 175, jan. 2015. Disponível em: <http://www.revistas.unifacs.br/index.php/redu/article/view/3446/2472>. Acesso em: 17 jan. 2016.

ENUNCIADOS do Fórum Permanente de Processualistas Civis. In: VI ENCONTRO DO FÓRUM PERMANENTE DE PROCESSUALISTAS CIVIS – VI FPPC. *Carta de Vitória*, Vitória, 2015. Disponível em: <http://portalprocessual.com/wp-content/uploads/2015/06/Carta-de-Vit%C3%B3ria.pdf>. Acesso em: 29 jan. 2016.

ESPÍRITO SANTO (Estado). Tribunal de Justiça. Regimento interno do Tribunal de Justiça do estado do Espírito Santo. Resolução nº 001/1999. *DJ*, 18 fev. 1999. Atualização: 01 mar. 2013. Disponível em: <http://www.tjes.jus.br/PDF/legislacao/REGIMENTO_INTERNO_2012.pdf>. Acesso em: 17 jan. 2016.

ESPÍRITO SANTO (Estado). Tribunal Regional Eleitoral. *Regimento interno do Tribunal Regional Eleitoral do estado do Espírito Santo*: Resolução nº 205/2003. Disponível em: <http://www.justicaeleitoral.jus.br/arquivos/tre-es-regimento-interno-tribunal-fev-16>. Acesso em: 17 jan. 2016.

GÓES, Gisele Santos Fernandes. Reclamação constitucional. In: DIDIER JÚNIOR, Fredie (Org.). *Ações Constitucionais*. Salvador: Juspodivm, 2006. p. 501-522.

GOMES, Luiz Flávio; BUNDUKY, Mariana Cury. *Judiciário lento*: taxa de congestionamento de 70%. 15 set. 2011. Disponível em: <http://institutoavantebrasil.com.br/judiciario-lento-taxa-de-congestionamento-de-70>. Acesso em: 03 jul. 2014.

HOLLIDAY, Gustavo Calmon. A constitucionalização do direito no Brasil, o excesso de emendas e as suas consequências. *Revista Interesse Público*, Belo Horizonte, ano 13, n. 67, p. 151-162, maio/jun. 2011.

LEAL, Felipe Veit. Súmula vinculante: instrumento de uniformização jurisprudencial e de racionalização processual. *Revista de Doutrina da 4ª Região*, Porto Alegre, n. 51, dez. 2012. Disponível em: <http://www.revistadoutrina.trf4.jus.br/index.htm?http://www.revistadoutrina.trf4.jus.br/artigos/edicao051/Felipe_Leal.html>. Acesso em: 03 jul. 2014.

LEONEL, Ricardo de Barros. *Reclamação constitucional*. São Paulo: Revista dos Tribunais, 2011.

MANCUSO, Rodolfo Camargo. *Divergência jurisprudencial e súmula vinculante*. 2. ed. São Paulo: Revista dos Tribunais, 2001.

MARINONI, Luiz Guilherme; ARENHART, Sergio Cruz; MITIDIERO, Daniel. *Novo código de processo civil comentado*. São Paulo: Revista dos Tribunais, 2015.

MARINONI, Luiz Guilherme. *Manual do processo de conhecimento*. São Paulo: Revista dos Tribunais, 2001.

MARINONI, Luiz Guilherme. *Precedentes obrigatórios*. 3. ed. revista, atualizada e ampliada. São Paulo: Revista dos Tribunais, 2013.

MARQUES, José Frederico. *Instituições de Direito Processual Civil*. Rio de Janeiro: Forense, 1960. v. 4.

MENDONÇA, Paulo Roberto Soares. A súmula vinculante como fonte hermenêutica de Direito. *Revista Interesse Público*, Belo Horizonte, ano 13, n. 67, p. 151-186, maio/jun. 2011.

MIRANDA, Francisco Cavalcanti Pontes de. *Comentários ao código de processo civil*. Rio de Janeiro: Forense, 1974. t. V.

MIRANDA, Francisco Cavalcanti Pontes de. *Reclamação e sua aplicação para o respeito da súmula vinculante*. São Paulo: Revista dos Tribunais, 2007. (Série Recursos no Processo Civil - RPC, 15).

MOREIRA, José Carlos Barboza. Comentários ao código de processo civil, Lei nº 5.869, de 11 de janeiro de 1973, arts. 476 a 565. Rio de Janeiro: Forense, 2009. v. 5

MOUSSALLEM, Tárek Moysés. *Fontes do direito tributário*. São Paulo: Max limonad, 2001.

NERY JÚNIOR, Nelson. *Princípios fundamentais:* teoria geral dos recursos. 4. ed. São Paulo: Revista dos Tribunais, 1997. (Série Recursos no Processo Civil - RPC, 1).

NERY JÚNIOR, Nelson; NERY, Rosa Maria de Andrade. *Comentários ao código de processo civil*. São Paulo: Revista dos Tribunais, 2015.

ORGANIZAÇÃO DOS ESTADOS AMERICANOS (OEA). *Convenção europeia de direitos humanos*. Roma, 4 nov. 1950. Disponível em: <http://www.oas.org/pt/cidh/expressao/showarticle.asp?artID=536&lID=4>. Acesso em: 19 fev. 2016.

ORGANIZAÇÃO DOS ESTADOS AMERICANOS (OEA). *Convenção americana de direitos humanos* (Pacto de San José da Costa Rica). San José da Costa Rica, 22 nov. 1969. Disponível em: <http://www.cidh.org/Basicos/Portugues/c.Convencao_Americana.htm>. Acesso em: 19 fev. 2016.

OLIVEIRA, Pedro Miranda de. In: CABRAL, Antonio do Passo; CRAMER, Ronaldo (Coords.). *Comentários ao novo código de processo civil*. Rio de Janeiro: Forense, 2015. p. 1455-1467.

PACHECO, José da Silva. A "reclamação" no STF e no STJ de acordo com a nova Constituição. *Revista dos Tribunais*, São Paulo, v. 78, n. 646, p. 19-32, ago. 1989.

PACHECO, José da Silva. *O mandado de segurança e outras ações constitucionais típicas*. 4. ed. São Paulo: Revista dos Tribunais, 2002.

REIS, Antônio Carlos Palhares Moreira. *Reclamação constitucional e súmula vinculante*. Brasília: Consulex, 2010. v.1.

RODRIGUES, Marcelo Abelha. *Suspensão de segurança:* sustação da eficácia de decisão judicial proferida contra o Poder Público. São Paulo: Revista dos Tribunais, 2010.

SILVA, Evandro Lins e. Crime de hermenêutica e súmula vinculante. Brasília, DF, *Consulex*, v. 1, n. 5, p. 43-45, maio 1997. Disponível em: <http://campus.fortunecity.com/clemson/493/jus/m05-011.htm>. Acesso em: 10 abr. 2016.

SILVA, José Afonso da. *Curso de direito constitucional positivo*. 10. ed. São Paulo: Malheiros, 1995.

TAKOI, Sérgio Massaru. *Reclamação constitucional*. São Paulo: Saraiva, 2013.

REFERÊNCIAS | 131

TRANCOSO, Renata Vitória Oliveira dos Santos. *A reclamação constitucional no direito processual brasileiro:* evolução história e jurídica de seu conceito. 2015. Dissertação (Mestrado em Direito) – Programa de Pós-Graduação *stricto sensu* em Direito, Universidade Federal do Espírito Santo, Vitória, 2015.

TUCCI, José Rogério Cruz e. *Precedente judicial como fonte do direito.* São Paulo: Revista dos Tribunais, 2004.

ZANETI JÚNIOR, Hermes. Comentários aos artigos 926 ao 946 do CPC/2015. In: CABRAL, Antonio do Passo; CRAMER, Ronaldo (Coord.). *Comentários ao novo código de processo civil.* Rio de Janeiro: Forense, 2015. p. 1305-1355.

ZANETI JÚNIOR, Hermes. *O valor vinculante dos precedentes:* teoria dos precedentes normativos formalmente vinculantes. 2. ed. atualizada conforme NOVO CPC. Salvador: JusPodivm, 2016.

Esta obra foi composta em fonte Palatino Linotype, corpo 10
e impressa em papel Offset 75g (miolo) e Supremo 250g (capa)
Belo Horizonte/MG.